Armin & Heike Messer
Juni 2001

„Zum Abschied
von Chrischona"

Hans O. Steiger und Werner Beetschen

Im Tal der Wiese

Zwischen Schwarzwald und Basler Rheinknie

Teil 1: An der Schwelle zum neuen Millennium

© 2000, Verlag der XTRA-COM BASEL GmbH
in Zusammenarbeit mit

BEETSCHEN STUDIOS AG und SPARN-DRUCK

ISBN 3-9521893-0-8
Printed in Switzerland

Johann Peter Hebel, der grosse Sohn des Wiesentals, schrieb in seinem berühmten Gedicht über „Die Wiese" in der Einleitung die folgenden Verse:

Wo der Dengelegeist in mitternächtige Stunde
uf em silberne Gschirr e goldeni Sägese denglet
(Todtnaus Chnabe wüsse's wohl), am waldige Feldberg,
wo mit lieblichem Gsicht us tief verborgene Chlüfte
d'Wiesen uuseluegt, und check ins Todtnauer Tal springt,
schwebt mii muntere Blick und schwebe miini Gidanke.

Feldbergs liebligi Tochter, o Wiese, bis mer Gottwilche!
Loos, i will di jetz mit miine Liederen ehre,
und mit Gsang bigleiten uf diine freudige Wege!

Zielsetzung

Den Schwarzwaldfluss auf seinem Weg zu begleiten und dabei Land und Leute zwischen Feldberg und Basel kennenzulernen, das war das Ziel der Autoren. Ob es immer „freudige Wege" und angenehme Anblicke sind, sollen die geneigten Leserinnen und Leser selbst entscheiden.

The dialect poem on the river Wiese by the great Black Forest poet Johann Peter Hebel opens with an image of the Wiese as "the lovely daughter of the Feldberg hill". To wander along this charming little river with a receptive mind in order to present to the viewer a vivid picture of the landscape and the people in the Wiese valley at the turn of the century – this is the motive of both authors of this book.

Diese Büste von Johann Peter Hebel (10. Mai 1760 - 22. Sept. 1826) steht in unmittelbarer Nähe zu seinem früheren Elternhaus in Hausen im Wiesental. Der Ruhm des grossen Heimatdichters und Kalendermannes, Theologen, Lehrers und Menschenfreundes dürfte in der Regio Basiliensis auch in Zukunft nicht verblassen: Er hat das Wiesental zu einem Ort der Weltliteratur gemacht.

In herzlicher Zuwendung unseren Eltern gewidmet - In loving care for our parents:

Erna Beetschen-Brüderlin † 23. Juni 1998   Mathilde A. Steiger-Berckmüller
Werner Gotthelf Beetschen-Brüderlin † 28. Okt. 1998   Otto Steiger-Berckmüller † 15. Nov. 1978

Foto auf der Titelseite:
Die noch ungestüme Wiese etwa 500 Meter unterhalb ihres Quellgebietes. Auf dem Hebelweg kann man den jungen Schwarzwaldfluss begleiten.

About 500 m below the spring, the river Wiese is still turbulent. On the Hebelweg, a path along the young Black Forest river dedicated to the regional poet Johann Peter Hebel, tablets with his dialect verse have been put up.

Inhaltsverzeichnis

VORWORT

Dr. Peter Gloor, Präsident der
 REGIO BASILIENSIS, Basel ... 4

Landrat Alois Rübsamen, Landkreis Lörrach ... 5

Anmerkungen der Autoren ... 6

Sponsoren – Sponsors ... 7

I. EINLEITUNG

Von der Hebelquelle zur Kleinhüninger
 Mündung ... 8

Ein gutes Stück Südschwarzwald ... 12

Von Bäumen, Hainen und Wäldern ... 20

Kulturelles Leben ... 28

Sport und Freizeit ... 32

II. DER WIESE ENTLANG

Der Feldberg und das „Dorf am Himmel" ... 36

Die Stadt Todtnau und das Todtnauer
 Ferienland ... 43

Das Wiedenbachtal – Traditioneller
 Bergbau in Utzenfeld und Wieden ... 50

Aitern – Im Belchenland ... 58

Die Stadt Schönau im Schwarzwald ... 61

Wembach – Am Ausgang des Böllenbachtals ... 62

Fröhnd – Das doppelte Golddorf ... 64

Zell im Wiesental – Das Zeller Bergland ... 66

Hausen im Wiesental – Z'Huuse im Hebeldorf ... 72

Die Hohe Möhr mit der Schweigmatt ... 74

Schopfheim – Die alte Markgrafenstadt ... 76

Im Tal der Kleinen Wiese
 Belchen-Impressionen ... 84

Maulburg – Ein neues Flussbett für die Wiese ... 94

Steinen – Der Vogelpark Steinen ... 98

Lörrach – Die Grosse Kreisstadt ... 102

Die Landgemeinde Riehen
 Im Kanton Basel-Stadt ... 110

Landschaftspark Wiese ... 114

Grün 99 – Impressionen von der
 Landesgartenschau ... 116

Verkehrsdrehscheibe Basel ... 120

Kleinhüningen – Wo die Wiese
 in den Rhein mündet ... 123

III. ANHANG

Das Bildband-Team – Dankesworte ... 126

Literatur- und Bildverzeichnis ... 127

Das Wiesental-ABC ... 128

Vorwort

Wenn ich an das Tal der Wiese denke, so kommt mir als Basler zweierlei in den Sinn: Zunächst natürlich die Langen Erlen, jenes prächtige Auenparadies in Stadtnähe, das dieser Schwarzwaldfluss geschaffen hat. Ich denke aber auch an die Stelle beim früheren Fischerdörfchen Kleinhüningen, wo die Wiese, „des Feldberg lieblige Tochter", wie sie der in Basel geborene Johann Peter Hebel nannte, in den Rhein, „s' Gotthards grosse Bueb", mündet.

Und wenn ich schon vom grossen Sohn des Wiesentals spreche, dann denke ich sofort auch an das Hebeldorf Hausen, an Feste zu Ehren des Heimatdichters, an seine so liebenswerten alemannischen Gedichte, aber auch an unvergessliche Wanderungen in meiner eigenen Jugendzeit, zu denen stets auch die Einkehr in einer der vielen gemütlichen Wirtschaften zwischen Markgräflerland, Belchen und Feldberg gehörte.

Flüsse verbinden, wie man weiss, und das gilt für die Wiese im besonderen: sie bildet eine Art Verbindungselement zwischen Schwarzwald und Basel, zwischen Südbadnern und Schweizern. Die Metropole am Rheinknie ist längst mehr als nur die Zentrumsstadt der Nordwestschweiz: sie ist zur weithin respektierten Dreiländerstadt geworden. Aus Nachbarinnen und Nachbarn in drei Ländern sind inzwischen echte Partner, in vielen Fällen sogar Freunde geworden. Grenzüberschreitende Zusammenarbeit und überregionales Denken und Handeln werden im „RegioTriRhena" genannten Dreiland tagtäglich praktiziert.

Der Basler fühlt sich aber nicht nur mit dem Rhein, sondern aus alter Tradition auch mit der Wiese eng verbunden: sie gehört einfach zum Stadtkanton dazu. Schliesslich liegen Riehen und Kleinhüningen im Tal der Wiese. Und als gebürtiger Basler fühle ich mich mit dem Wiesental eng verbunden. Aus diesem besonderen Grunde macht es mir viel Freude, ein paar meiner Gedanken zur Einstimmung in diesen schönen Bildband über die Region zwischen Feldberg und Basler Rheinknie beisteuern zu dürfen.

Ich wünsche dem neuen und ansprechenden „Impressionenbuch", wie es die beiden Autoren so treffend nennen, beim Publikum die verdiente gute Aufnahme und dem „Tal der Wiese" viele neue Freunde und Liebhaber.

Eine Begegnung mit dem Regio-Präsidenten bei der renaturierten Wiese in den Langen Erlen.

At the Swiss part of the renaturalized river Wiese running through the riverside forest Langen Erlen: Meeting with Dr. Peter Gloor the President of the REGIO BASILIENSIS and the Council of the RegioTriRhena.

Dr. Peter Gloor, Advokat und Notar
Präsident der REGIO BASILIENSIS und des Rates der RegioTriRhena

Président de la REGIO BASILIENSIS et du Conseil de la RegioTriRhena

Basel, im Herbst 1999

Preface

When I think of the Wiese valley from the point of view of a Basel citizen, two images come to my mind: first of all, naturally, the magnificent riverside forest Langen Erlen, a paradise near the city, as it were, created by the river Wiese. I also picture that special place near the former fishing village Kleinhüningen, where the Wiese flows into the Rhine – the "lovely daughter of the Feldberg hill" joining the "great son of Gotthard", to use the figures of speech Johann Peter Hebel (1760-1826), the most innovative and authoritative dialect writer and poet of this region, has found for the two rivers. Speaking of the famous Black Forest poet, I can't help thinking of the Hebeldorf Hausen, of innumerable commemorative celebrations, of his delightful Alemannic poetry, as well as remembering those dearly cherished walks of my own youth, which always included a stop in one of the many welcoming inns that are characteristic of this Black Forest region.

It is said that rivers unite people, a thought that seems to apply particularly well to the river Wiese as it represents a link between the Black Forest and Basel, thus between South Germany and Switzerland. Basel, the Swiss city next to the prominent Rhine bend which is called "the knee of the Rhine" by the locals, has advanced long ago from a small centre of the Northwest of Switzerland to a widely recognized metropolis for the three adjoining countries Switzerland, Germany, and France. Neighbours of three nationalities have become true partners and even friends. Interaction and close cooperation across the national borders are practiced day by day in the so-called RegioTriRhena.

A citizen of Basel not only feels attached to the Rhine, but traditionally also to the Wiese, which is an integrated part of the Swiss as well as the German territory. Having been born in Basel, I thus feel very close to the Wiese valley, and the task of introducing this most attractive collection of images with some of my own associations is indeed a pleasant one.

I hope this novel and charming "book of impressionistic views", as the authors so aptly call it, will meet with due public attention and sympathy – and the Wiese valley will make new friends.

Der Landkreis Lörrach umfasst zu einem wesentlichen Teil das Flussgebiet der Wiese. Der Schwarzwaldfluss stellt eine Art lebendiges Achsenorgan, oder wenn dieser Vergleich besser passt, die Schlagader des Kreises dar. Wenn nun – kurz vor dem Millenniumswechsel – über diese vielseitige Region zwischen Feldberg und Basel ein origineller Bildband verfasst wurde, so bin ich den beiden Autoren für ihr Engagement dankbar. Es freut mich daher, diesen ersten Teil der neuen Reihe mit ein paar persönlichen Gedanken einleiten zu dürfen.

Das Tal der Wiese unterscheidet sich von anderen Schwarzwaldtälern in vielerlei Hinsicht. Weil das zum Kanton Baselstadt gehörende Gebiet auf die rechte Rheinseite hinübergreift, sorgt der Grenzverlauf seit Jahrhunderten für ganz besondere Verhältnisse und bewirkt, dass es einen badischen und einen baselstädtischen Teil der Wiese gibt: Riehen, das Kleinbasel und Kleinhüningen liegen demnach ebenfalls im Tal der Wiese. Eine Abschottung der beiden Flussabschnitte, wie man sie von anderen europäischen Grenzregionen her kennt, gab es im Wiesental nie. Ganz im Gegenteil: Das Gemeinsame war stets stärker als das Trennende, was zu einem guten Teil mit dem alemannischen Wesen zusammenhängt, das die Menschen auf beiden Seiten verbindet.

Als weiterer Grund kommt hinzu, dass die 1501 der Eidgenossenschaft beigetretene Stadt Basel bereits zu Zeiten Johann Peter Hebels die heimliche Hauptstadt des Wiesentals war, was sie wohl auch bis auf den heutigen Tag geblieben ist. Dem Tal der Wiese und seiner Geburtsstadt Basel, die nach seinem damaligen Verständnis ebenfalls zum „Oberland" gehörte, galt Johann Peter Hebels ein Leben lang aus tiefstem Herzen empfundene Heimatliebe: Ins „Oberland zu reisen", „aus der Wiese (zu) trinken und die Geister im Röttler Schloss (zu) besuchen", war sein immer wieder geäusserter Wunsch, selbst dann noch, als er längst Prälat in Karlsruhe war.

Persönliche, verwandtschaftliche, freundschaftliche und auch geschäftliche Beziehungen sorgen innerhalb des „Hebellandes" seit Generationen auf vielen Ebenen für einen anregenden Gedankenaustausch, der stets von grenzüberschreitender Zusammenarbeit begleitet war. Selbst in den schlimmsten Zeiten des Krieges existierte noch immer so etwas wie ein „kleiner Grenzverkehr". Von grosser Bedeutung waren auch zu allen Zeiten die wirtschaftlichen und finanziellen Verflechtungen: Neben der Wasserkraft der Wiese war es vor allem die Basler Finanzkraft, die das Schwarzwaldtal seit der Mitte des 18. Jahrhunderts zum Hauptzentrum der badischen Textilindustrie machte.

Die insgesamt erfreuliche Entwicklung im „Tal der Wiese", wie sie auch in vielen Bildern und Texten des neuen Regiobandes zum Ausdruck kommt, hat vor allem dies deutlich gemacht: Das Zusammenwirken von Regionalität und Internationalität, von Aktivitäten in den Bereichen Bildung, Kultur und Sport, Anstrengungen von Gewerbe, Industrie und Landwirtschaft, Gastronomie und Tourismus, Naturschutz und Landschaftspflege funktioniert. Das bisher Erreichte bestätigt alle Beteiligten, auf dem richtigen Wege zu sein. Was Basel anbelangt, so spricht vieles dafür, dass die Wiesental-Metropole und heutige Dreiländerstadt in einem zukünftigen Europa der Regionen eine noch viel bedeutendere Rolle spielen wird.

Alois Rübsamen

Alois Rübsamen
Landrat des Landkreises Lörrach
Lörrach, im Herbst 1999

Traditionelles Hebelfest in Hausen am 10. Mai 1998: Landrat Alois Rübsamen mit Marktgräflerin.

Alois Rübsamen joins the traditional annual celebration for Johann Peter Hebel at the village of Hausen.

Preface

The district of Lörrach corresponds with the basin of the river Wiese to a great extent. This Black Forest river thus forms a kind of axis of the district, the function of which might perhaps be compared to that of an artery in a living being. I am obliged to both authors of these exceptional views of the many-sided region between the Feldberg hill and the city of Basel for having tackled their task with so great a commitment – shortly before the turn of the millennium at that, and I am delighted to be given the chance to accompany this first part of the new series with a few personal observations.

The valley of the Wiese differs from other Black Forest valleys in several respects. As the Swiss district of Basel Stadt has extended across the Rhine to its right hand bank for several centuries, the course of the border cuts the Wiese right in two, one part pertaining to Basel Stadt (Switzerland), the other to the region of Baden (Germany). Consequently, the three precincts of Basel city called Riehen, Kleinbasel and Kleinhüningen also belong to the Wiese valley. A mental barrier as it is well known from other European border regions, however, has never existed between these two river sections. On the contrary: shared characteristics and interests have overcome the differences at any time, mainly owing to the fact that the people on both sides of the national border impersonate the typical Alemannic nature as a result of their common ancestry.

Moreover the city of Basel, which had joined the Swiss Confederation in 1501, was held to be the secret capital of the Wiese valley as early as in Johann Peter Hebel's times, i.e. the late 18th century – and apparently this attitude has never changed. The famous regional dialect writer and poet entertained a profound affection for 'his' Wiese valley and his native town Basel, which quite naturally belonged to the (German) Oberland in his view: To "travel to the Oberland", to "drink from the Wiese and visit the ghosts in the castle of Rötteln" was a desire he often voiced, even long after he had moved roughly 200 km further north in order to be a prelate in the city of Karlsruhe. Personal relations, family ties and friendship as well as business relations associated with an intense cooperation across the border have inspired a vivid exchange of ideas on various levels within "Hebel's Land" for generations. Even in the most dreadful times of war something like a local border traffic did take place. Throughout, economical and financial interaction was of considerable importance: not only the water power of the Wiese, but also the financial power of Basel has enabled this particular Black Forest valley to represent the main centre of Baden's textile industry since mid-18th century.

The generally satisfying development of the Wiese valley, which is reflected in numerous illustrations and texts of the volume presented here, sheds light upon one thing above all: the concurrence of regional and international activities in the fields of education, culture and sports, of the efforts of trade, industry and agriculture, gastronomy and tourism, and of the preservation of the regional as well as the global landscape has apparently proved successful. As for Basel, the 'metropolis of the Wiese valley' might well play an even more important role in a future regional Europe.

Alois Rübsamen
Chief administrative of the district of Lörrach

Anmerkungen der Autoren

Vom Rhein ins Tal der Wiese
1996 waren im Buchverlag der Basler Zeitung die „Rheinübergänge – Von Kaiserstuhl zum Kaiserstuhl" von Hans O. Steiger und Werner Beetschen erschienen. Unsere erste gemeinsame Publikation kam bei den Leserinnen und Lesern gut an und machte uns schon rasch als Autoren im Dreiland bekannt. Auch die Presse berichtete lobend über diesen Regio-Bildband. Nach diesen Erfolgserlebnissen dachten wir schon bald über ein Folgeprojekt nach.

Wäre nicht der liebenswerte H. Jochen Rücker, der am Freiburger Müsterplatz ein renommiertes Delikatessen-Geschäft führte, so völlig unerwartet gestorben, hätten wir vielleicht mit ihm zusammen einen Gourmet-Band über „Käse und Wein" realisiert. Auf der Suche nach aktuellen Themen einigten wir uns dann auf „das Tal der Wiese". Bei der Entscheidung spielte sicher eine Rolle, dass der in der Markgrafenstadt Schopfheim aufgewachsene Hans O. Steiger mit der so vielseitigen Region zwischen Feldberg und Basel eng verbunden ist.

Von der Idee zum konkreten Projekt
So entstand im Frühjahr 1998 nach Gesprächen mit Buchhändlern eine erste Ideenskizze zum neuen Bildband. Sie hatten uns damals geraten, unbedingt einen Verkaufspreis unter der 40-Mark- bzw. der 40-Franken-Schwelle anzuvisieren. Dass eine solche Vorgabe nicht ohne Sponsoring funktionieren konnte, war uns nach ersten Kostenrechnungen schnell klar. Die Produktion eines Buches ist nicht nur mit einer Menge Arbeit und Risiken verbunden, sondern auch mit hohen Kosten. Verlage erwarten von ihren Autoren Sicherheiten, meistens Vorauszahlungen und konzentrieren sich nach Möglichkeit auf Druckaufträge für Bücher mit Bestseller-Potential.

Um das weitere Procedere abzukürzen: Es folgten Kontakte mit möglichen Sponsoren, was sich als viel schwieriger als anfänglich angenommen herausstellte. Von unserem neuen Buchprojekt restlos überzeugt, hielten wir uns bei den weiteren Gesprächen an den bekannten Satz von Augustinus: „In dir muss brennen, was du in anderen entfachen möchtest!" So gelang es uns tatsächlich, auch andere von unseren Ideen zu überzeugen und Sponsoren zu finden.

Start am Hebelfest 1998
Am 10. Mai 1998 begannen wir mit ersten Bildaufnahmen in Hausen im Wiesental. Traurig, aber wahr: Beide Eltern von Werner Beetschen waren zwar mit von der Partie, mussten jedoch dem festlichen Geschehen an diesem herrlichen Maiensonntag von ihren Rollstühlen aus zusehen. Weil sie beide bereits wenige Wochen später starben, entschlossen wir uns, diesen Regio-Bildband unseren Eltern zu widmen.

Im Laufe der weiteren Aufnahmen und Recherchen haben wir zwischen Feldberg und Kleinhüningen eine Reihe interessanter Leute kennen- und schätzen gelernt, darunter Bürgermeister, Kulturexperten, Lehrer, Sportler, engagierte Leute aus den verschiedensten Vereinen, Umwelt- und Naturschützer, Pensionäre, die sich in unglaublicher Weise für ihre Mitmenschen einsetzen, echte Originale, auch ein paar Käuze, und zwar nicht nur im Vogelpark Steinen. Viele Gesprächs

Diese Szene mit einer Schwanenfamilie in den Langen Erlen war das erklärte Lieblingsbild der Mutter von Werner Beetschen.
Study of a swan family in the Langen Erlen – the favourite picture of the photographer's mother.

partner haben uns bei der Arbeit unterstützt, z. T. auch bereits zu Folgeprojekten angeregt, wofür wir ihnen danken.

Das „Neophyten-Problem"
In besonderer Erinnerung wird uns das erste Gespräch mit dem aktiven Natur- und Umweltschützer Boris Gerdes bleiben. Wir hatten mit ihm abgemacht, uns am vergitterten Eingang des Hasler Tunnels auf der Fahrnauer Seite der stillgelegten Bahnstrecke zwischen Schopfheim und Säckingen zu treffen. Unser Thema sollten die Fledermäuse sein, die sich den dunklen Tunnel als Wohnstätte ausgesucht hatten. Im Kapitel „Schopfheim" wird darüber kurz berichtet.
Nach den Fledermäusen kamen wir rasch auf den Inhalt unseres Bildbandes, die Wiese und folgerichtig auch auf die Flora am Flussrand zu sprechen. Schnell waren wir mitten in einer Diskussion über „Neophyten", Pflanzenarten also, die in historischer Zeit - nach 1500 - eingeführt wurden und heute vielerorts Bestandteil der Flora sind. „Wenn Sie ein Buch über das Tal der Wiese machen und das „Neophyten-Problem" darin nicht ansprechen, dann ist ihr ganzer Bildband nichts wert!", meinte der gebürtige Wehrer. Die mutige Provokation wirkte. Als er merkte, dass uns dieses Thema zu interessieren begann, einigten wir uns, sofort in die Wiesenregion oberhalb von Maulburg zu fahren, um mit ihm zusammen „Neophyten" vor Ort zu studieren.

Gefährdung von Flora und Vegetation
Tatsächlich entdeckten wir am Ufer der Wiese und an den einmündenden Bächen Mengen von Indischem Springkraut und Kanadischer Goldrute. Grossflächig breiten sich „Neophyten" der Uferzone entlang aus und verdrängen dabei bisher heimische Arten z. T. vollständig. Als Faustregel hörten wir, dass von den rund 1 000 „Neupflanzen" zehn „Problem-Neophyten" sind; fünf von ihnen kommen auch im Tal der Wiese vor. Ausser den bereits genannten Arten findet man in Uferregionen den giftigen Riesen-Bärenklau und den Sachalin-Knöterich.
Der beim B.U.N.D. aktive Boris Gerdes hatte uns überzeugt: „Neophyten" sind auch im Tal der

Wiese ein gravierendes Problem. Weil sie bei der heimischen Flora und Fauna in unserer Region bereits eine grosse Veränderungswelle ausgelöst haben, besteht dringender Handlungsbedarf.

Ohne Anspruch auf Vollständigkeit
Der Bildband enthält eine Reihe von Impressionen über das Tal der Wiese, von denen wiederum viele auf ganz persönlichen Eindrücken beruhen. Gelegentlich war bei der Themenauswahl der Zufall mit im Spiel.

Vollständigkeit in einem Bildband mit 128 Seiten und 192 Fotos zu erreichen, das wurde von Anfang an weder angestrebt noch wäre eine solche Erwartung realistisch gewesen. Ob im Bereich des Kulturellen Lebens, von Sport und Freizeit, der Wirtschaft oder einzelner Kommunen: Stets konnten wir nur einzelne Themen und besondere Facetten aus unserer Sicht der Dinge exemplarisch herausgreifen, wohlwissend, dass andere ebenso interessant, vielleicht sogar noch attraktiver gewesen wären.

Die Crux mit der neuen Rechtschreibung
Zum Stichwort „Neuregelung der deutschen Rechtschreibung": Wir haben uns bemüht, diese nach bestem Wissen zu berücksichtigen. Wenn unseren geneigten Leserinnen und Lesern die Schreibweise und insbesondere die Trennung einiger Wörter wie z. B. „Bahnstre-cke", „Eindrü-cke", „Meis-ter" usw. suspekt vorkommen, dann überzeugen Sie sich durch Nachschlagen im „Duden" davon, dass wir recht gehandelt haben. Nur in einigen wenigen Ausnahmefällen versagten wir uns der „Neuregelung".

Ein verrücktes Jahr 1999
Mit 1999 ging ein in mehrfacher Hinsicht „verrücktes" Jahr zu Ende. Seit Menschengedenken überfluteten noch nie solche Wassermassen weite Bereiche der Täler der Grossen und Kleinen Wiese. Die Folgen des Hochwassers waren vielerorts gravierend, die Schäden gingen in die Millionen. Der Eichener See auf dem Dinkelberg oberhalb von Schopfheim erreichte eine Rekordgrösse und blieb bis Mitte Juli die Attraktion der Region.

Viel Regen und kühle Temperaturen im Frühjahr und Sommer hielten die Bienen vom sonst üblichen Sammeln des Blütennektars ab. 1999 war daher kein „Honigjahr"; auch die Apfelernte fiel mässig aus. Wegen des schönen Herbstwetters darf jedoch ein echter Millenniums-Wein erwartet werden, von dem im Kapitel über den „Tüllinger Berg" gesprochen wird.

Die grenzüberschreitende Millenniums-Feier auf dem Tüllinger Hügel musste in der letzten Woche des „alten Jahres" kurzfristig abgesagt werden. „Lothar" war schuld daran: Der Jahrhundertsturm vom Weihnachtswochenende verwandelte die schmucke Zeltstadt in wenigen Stunden in ein Trümmerfeld. Das Regiofest wurde in den „Burghof" verlegt.

Als Folge des tagelangen Regenwetters im Sommer hatten auch wir an so manchen Tagen unsere liebe Not, Fototermine einzuhalten, von denen einige förmlich „ins Wasser" fielen. Manchmal gelang es nicht mehr, den festgelegten Zeitplan einzuhalten. Verzögerungen waren die Folge.

Wir sind zuversichtlich, dass sich das Warten gelohnt hat, und wünschen unseren Leserinnen und Lesern viel Spass mit dem neuen Bildband!

UNSERE SPONSOREN – OUR SPONSORS

Dieser Regio-Bildband und ein vergleichsweise günstiger Verkaufspreis im Buchhandel wurde durch finanzielle Beiträge der folgenden Industrie-Unternehmen und Sparkassen ermöglicht:

AFT
Automatisierungs- und Fördertechnik GmbH
D-79650 Schopfheim

AUTOKABEL
Autokabel Gruppe
D-79688 Hausen im Wiesental

HELLA
Hella Innenleuchten-Systeme GmbH
79677 Wembach / Schwarzwald

PLEUCO
Pleuco GmbH
Ein Unternehmen der MWP-Gruppe
D-79669 Zell im Wiesental

SPARKASSEN
im Mittleren und Oberen Wiesental:

Sparkasse Schopheim
Sparkasse Zell im Wiesental
Sparkasse Schönau im Schwarzwald
Sparkasse Todtnau

Eine Uferpartie oberhalb Maulburg mit abwechslungsreicher Flora, wie sie früher in dieser Flussregion typisch war.
River banks above Maulburg, where the rich and diverse flora has been preserved. In former times, such variety used to be characteristic of the whole river region.

Auch im Tal der Wiese sind am Flussufer bereits zahlreiche „Neophyten" heimisch geworden. Fünf Arten dieser „Neupflanzen" gelten als problematisch.
Numerous neophytes have already invaded the Wiese valley. Five species are considered to cause considerable problems.

I. EINLEITUNG

Von der Hebelquelle zur Kleinhüninger Mündung

Die Hebelquelle auf dem Feldberg am Zeiger

One of the sources of the river Wiese on the Feldberg hill at the height of 1200m. Formerly, the river used to be a wild glacier stream, joining the Rhine where the Basel city precinct Riehen lies today.

Kurzporträt der Wiese
Die Wiese, so lernt man es im Geografieunterricht, ist ein rechter Nebenfluss des Oberrheins und zugleich der letzte rechtsufrige Zufluss des Rheins auf Schweizer Gebiet. Von der Quelle beim Hebelhof bis zu seiner Mündung im Hafengebiet von Kleinhüningen erreicht der von Johann Peter Hebel in seinem Gedicht „Die Wiese" mit so viel Leidenschaft gepriesene Fluss eine Länge von insgesamt 54 Kilometern; die letzten sechs Kilometer liegen auf Schweizer Territorium.

Für den Landkreis Lörrach mit seinen 215 000 Einwohnern stellt die Wiese „eine zentrale Leitlinie und zugleich auch die wichtigste Erschliessungsachse des Südschwarzwaldes" dar (→ Landkreis). Bis zum Austritt aus dem Grundgebirge nimmt der auch als „Grosse Wiese" bezeichnete Fluss zahlreiche Nebenbäche auf. Unterhalb von Schopfheim erfolgt die Einmündung des wichtigsten und mit rund 20 Kilometern auch längsten Nebenflusses, der Kleinen Wiese, welche vom Südhang des Belchens kommt. Das gesamte Flussgebiet der Wiese, das den grössten Gewässereinzugsbereich innerhalb des Landkreises darstellt, umfasst stattliche 454 Quadratkilometer.

Aspekte der Flussgeschichte
Aus der interessanten Flussgeschichte sei lediglich erwähnt, dass die Wiese einstmals ein wilder Gletscherfluss war, der dort, wo heute das Dorf Riehen liegt, in den Rhein mündete. Als Urfluss zwang sie, wie es Golder (→) treffend ausdrückt, „den Rhein ins Knie". Ursprünglich flossen Wiese und Rhein in zahlreichen und ständig wechselnden Armen durch ihre Täler und gestalteten auf diese Weise die Riehener Landschaft. Noch heute weisen in Strassenbezeichnungen verschiedene „Raine" auf das frühere Rhein- bzw. Wiesenufer hin. Einige Arme der Wiese wurden später zu Kanälen ausgebaut.

Die Wiesenquelle auf dem Feldberg
Viele Bäche und Flüsse haben ihr Quellgebiet auf dem Feldberg. Von hier aus streben sie in allen Richtungen auseinander und münden schliesslich in den Rhein. Die Wiese hat ihren Ursprung in verschiedenen Quellen am Südhang des Feldbergs. Die Hebelquelle am Zeiger befindet sich unweit des Hebelhofs auf einer Höhe von etwa 1 200 Metern. Vom Nordhang der Grafenmatt kommt ein weiterer Quellzufluss.

Auf dem Hebelweg der jungen Wiese entlang.

The Wiese, which absorbs several tributaries on the way to its present outlet in the port of Kleinhüningen (Switzerland), has an overall length of 54 km and a widespread river basin of 454 kmq.

Künstler-Beitrag zum Festival „Kultur am Schlipf": Blick von der Wiesenbrücke beim Riehener Schwimmbad in Richtung der Langen Erlen.

On Swiss territory, the Wiese flows through the riverside forest of Langen Erlen, a paradise for all kinds of leisure pursuits near the city of Basel, and an open-air stage for cultural events and art performances in and on the water.

Auf baselstädtischem Gebiet
Hinter der Landesgrenze ist der Flusslauf der Wiese begradigt und kanalisiert. In sanft geschwungener S-Form setzt sie ihren Lauf in Richtung Rhein fort. Fluss, Uferpartien und Auenwald werden in den Langen Erlen von der Basler Stadtbevölkerung intensiv als Naherholungsraum genutzt.

Revitalisierung der Wiese
Im unteren Teil der Langen Erlen führt das Tiefbauamt mit der Revitalisierung der Wiese derzeit ein zukunftsweisendes Pilotprojekt durch, dessen Ziel es ist, den Flussraum aufzuwerten. Vor allem Fische und Insekten sollen fortan bessere Lebensbedingungen erhalten. Es ist davon auszugehen, dass sich die aufwendigen Massnahmen auch für das Wachstum der Pflanzen als nützlich erweisen werden.

Brücken-Rekorde
Es dürfte in der ganzen Schweiz keinen zweiten Fluss geben, der auf einer so kurzen Strecke von so vielen Brücken überquert wird wie der nur sechs Kilometer lange Wiesenabschnitt auf baselstädtischem Territorium. Vor allem im Hafengebiet von Kleinhüningen, wo die Wiese nach 54 Kilometern in den Rhein mündet, folgen oft mehrere Brücken in dichter Folge aufeinander.

Grosse Steine und Kies prägen den Flussrand der renaturierten Wiese.

The banks of the re-naturalized river Wiese predominantly consist of sedimentary rocks and shingle.

Noch kurz vor ihrer Mündung in den Rhein bei Kleinhüningen wird die Wiese von zwei Brücken überquert.

Probably no other Swiss river is crossed by so many bridges as the Swiss part of the Wiese, which is only 6 km long. Even shortly before the outlet, two bridges had to be squeezed in.

Ein gutes Stück Südschwarzwald

Das Obere Wiesental und ein grosser Teil des reizvollen Tals der Kleinen Wiese, insbesondere die Belchen-Region, gehören zum Schönsten, was der Schwarzwald zu bieten hat. Ein kurzes Kapitel über diese einzigartige Landschaft darf daher in einem neuen Regio-Bildband nicht fehlen. Als weiteres Argument kommt hinzu, dass 1999 der „Naturpark Südschwarzwald" gegründet wurde, eine Gemeinschaftsinitiative von fünf Landkreisen, zu der auch der Landkreis Lörrach gehört.

Naturpark Südschwarzwald
Der Naturpark Südschwarzwald ist der sechste im Land Baden-Württemberg und mit einer Fläche von 2 900 Quadratkilometern und 270 000 Einwohnern in 90 Gemeinden auch der grösste in Deutschland. Um die ihm zugrundeliegende Idee mit Leben zu erfüllen, hat die Erhaltung der bäuerlich geprägten Kulturlandschaft mit existenzfähigen Betrieben hohe Priorität. Gezielte Strategien zur Vermarktung von für die Region typischen Produkten, neue Formen der Zusammenarbeit mit Einrichtungen des Tourismus, des Handwerks und der Gastronomie sollen den Landwirten bei deren Existenzsicherung helfen. Naturschutzgebiete von grosser regionaler Bedeutung - z.B. der Feldberg, der Belchen oder der Präger Gletscherkessel – können, darin besteht Einigkeit bei allen Beteiligten, nur in einem gut funktionierenden Umfeld und mit gemeinsamen Anstrengungen von allen Seiten erhalten werden.

Typisch für den heutigen Südschwarzwald ist, wie man vom Flugzeug aus deutlich erkennt, der Wechsel von vordringendem Wald, mit grossem Aufwand offen gehaltenem Grünland und vereinzelten Ackerfluren. Vor tausend Jahren war diese Region noch mit dichtem Wald bewachsen. Mit der im Hochmittelalter einsetzenden Rodung begann – meist unter der Regie von Klöstern und Adel – in harter Fronarbeit die langsame Erschliessung des Schwarzwaldes. Ortsnamen wie Fröhnd erinnern noch an diese schweren Zeiten. Die Landwirtschaft übernahm dann im Laufe der nächsten Jahrhunderte eine Schlüsselrolle.

Pflege und Erhaltung der Kulturlandschaft
So schön auch viele Bauernhöfe, insbesondere traditionsreiche, gut erhaltene Schwarzwaldhäuser heute anzusehen sind: die Landwirtschaft in dieser Region befindet sich in einem besonders harten Wettbewerb. Falls zusätzliche Einschränkungen durch den Naturschutz auf sie zukommen, fürchten viele Landwirte noch stärkere Einkommensverluste. Das Naturpark-Konzept verspricht ihnen bessere Zukunftschancen: Eine Säule ihrer Existenzsicherung besteht darin, dass sie sich noch stärker in der Pflege und Erhaltung der Kulturlandschaft engagieren.

Erinnerung an Januartage mit strenger Winterkälte.   Icicles on a Black Forest house with shingled walls.

Altes, geschmackvoll renoviertes Schwarzwaldhaus in Wembach – ein Stimmungsbild der besonderen Art.

Apart from building materials, the characteristics and the typical construction of Black Forest houses have remained the same for several centuries – as well as some of the rural customs.

Prachtvolle Schwarzwaldhäuser

Im Oberen Wiesental gibt es noch viele sehenswerte Schwarzwaldhäuser, darunter ausgesprochene Prachtexemplare, so z.B. in Wembach, Utzenfeld und Geschwend, um nur ein paar stellvertretend für andere zu nennen. Das typische Aussehen und die Bauweise des Schwarzwaldhauses sind seit Jahrhunderten fast gleich geblieben; verändert haben sich lediglich die verwendeten Materialien. Einfache Holzverbindungen für die Balken waren eine der Voraussetzungen, dass die Schwarzwaldhäuser in nachbarlicher Zusammenarbeit gebaut und repariert werden konnten. Weil das beim Hausbau verwendete Holz „arbeitet", wurden an einigen Balken „Keilzapfen" eingesetzt, um die Konstruktion nachspannen zu können.

Eine besondere Rarität ist „Segers Huus" in Wembach, wie es die Einheimischen nennen. In der kaminlosen Küche befindet sich der Rauchfang direkt über der Feuerstelle, so wie dies bei den alten Schwarzwaldhäusern üblich war. Der Rauch zog über den Rauchfang in die Räucherbühne, wo die Speck- und Fleischvorräte hingen, nach oben und entwich schliesslich über das Dach ins Freie. Gab es einmal zu viel Rauch in der Küche, wurde einfach durch Ziehen an einer langen Schnur ein kleines Dachfenster geöffnet.

Schwarzwälder Speck und Schinken

Weil diese Spezialitäten aus dem Schwarzwald weithin bekannt und beliebt sind, wurden sie längst in das Tourismus-Programm vieler Ferienorte als attraktive Themen integriert. So werden seit Jahren Schwarzwälder Speck- und Schinken-, aber auch Kirsch- und sonstige Seminare angeboten, die sich grosser Nachfrage erfreuen. Nach „bestandener" Kostprobe, selbstverständlich unter Experten-Anleitung, werden den Teilnehmern Diplome verliehen, die nicht immer ganz so ernst gemeint sind. In Utzenfeld haben „Speckwanderungen" durch das Wiedenbachtal zu einer in der ganzen Region bekannten Speckräucherei Tradition.

Beliebte Speckwanderungen

Die Initiative zu dieser originellen Idee ging vom damaligen Utzenfelder Bürgermeister Gerhard Wetzel aus. Im Juni 1985 machte sich erstmals eine Schar von Urlaubsgästen unter Leitung von Forstinspektor Baldur Steck, zu dieser Zeit Bürgermeister-Stellvertreter, auf den Weg durch die heimatliche Flur. Während des mehrstündigen Fussmarsches erfuhren diese vom Fachmann viel Wissenswertes über den Schwarzwald, Land und Leute, die Gemeinden Utzenfeld und Wieden. Später kamen weitere fachkundige Wanderführer wie Alt-Rektor Xaver Schwäbl hinzu. Endziel und Höhepunkt der kurzweiligen Wanderungen durch das Wiedenbachtal, einem Seitental der Grossen Wiese, war dann jeweils die "Speckräuchi", wie die Einheimischen zur Speckräucherei von Metzgermeister Hubert Lais in Wieden sagen.

Kostprobe in der Speckräucherei

Hubert Lais, langjähriger Profi in Sachen Speck und Schinken, erläutert seinen nach mehrstündiger Wanderung in der „Speckräuchi" eingetroffenen Besucherinnen und Besuchern anschaulich, wie die herrlichen Schwarzwälder Spezialitäten entstehen. Nach dem Rundgang durch die Räucherei und einer Besichtigung der verschiedenen Vorratsräume mit Hunderten von herrlich duftenden Schinken und Speckseiten naht der mit Hochspannung und zunehmendem Hunger erwartete Höhepunkt des Programms: die Kostprobe der hausgemachten Schwarzwälder Speck-, Schinken- und Wurstspezialitäten. Eine solche Zeremonie, zu der auch das korrekte „Speckschneiden" auf dem Brettchen gehört, kann man nicht beschreiben, man muss sie einfach erlebt haben.

Kaminlose Küche in einem alten Wembacher Schwarzwaldhaus: der Rauchfang befindet sich direkt über der Feuerstelle.

A traditional Black Forest kitchen without a chimney, where the vent is placed directly above the fireplace.

Rundgang durch die herrlich duftenden Vorratsräume mit Hubert und Maria Lais.

Famous Black Forest specialties like bacon and ham have been part of the tourist program of the region for years. Supervised by experts, you can learn all about smoking ham or producing the reputable schnapps called „Kirsch", which is made of cherries. You may even acquire a diploma if you survive the sampling session... A highlight is the visit in a traditional smokehouse, which invariably ends with a substantial and exquisite meal.

Die Teilnehmer an der Kostprobe in der Wiedener Speckräucherei

Von links nach rechts sitzend:
Gerhard Wetzel, Alt-Bürgermeister von Utzenfeld

Berthold Klingele, Bürgermeister von Wieden

Gerhard Schäuble, Vorsitzender des Bergmannsvereins Finstergrund, Besucherbergwerk Wieden

Dieter F. Griesenbach, Geschäftsführer Auto Kabel Gruppe

Klaus Rathmann, Werksleiter Auto Kabel Hausen

Baldur Steck, Forstamtmann Utzenfeld

Hubert Lais, Metzgermeister Inhaber der Speckräucherei in Wieden

Stehend von links:
Maria Lais
Maria Storz

Eine Kostprobe mit fachmännischer Anleitung zum korrekten Speckschneiden nach Schwarzwälder Art durch Forstamtmann Baldur Steck.

Having been initiated into the ritual of cutting the bacon correctly – not an easy task – the participants of a ham and bacon seminar may relax and enjoy their food.

Schwarzwaldhaus-Idylle in Geschwend, das oberhalb des Zusammenflusses von Wiese und Prägbach liegt.

Another characteristic Black Forest house near the river Wiese.

Einer von vielen alten Bauernhöfen in Geschwend. Voraussetzung für ihre Erhaltung ist eine Landwirtschaft mit existenzsichernden Einkommen.

Traditional farming houses are a frequent sight in this region, the conflict of landscape protection and traditional agriculture, however, remains to be solved.

Eine stimmungsvolle Vollmondnacht im Südschwarzwald.
Full moon over the Black Forest.

Zahlreiche Schwarzwaldsagen

Die Abgeschiedenheit der meisten Höfe, die riesigen Wälder, die kalten und langen Winter, all das macht verständlich, warum es früher im Südschwarzwald unzählige Sagen gab, von denen viele überliefert sind. Vor allem der Feldberg mit seinem kahlen Gipfel und den tiefen, gefährlichen Felsstürzen am Feldsee galt den Bewohnern im Oberen Wiesental als Heimat und Verbannungsort schlimmer Geister. Der unheimliche Berg, eine „Domäne der Geister", soll selbst von den Hexen gemieden worden sein. (→ Vetter)

Angst vor dem Dengelegeist

Unter den zahlreichen Feldberggeistern soll es besonders schauerliche Exemplare gegeben haben. Der bekannteste und mächtigste unter diesen war der Dengelegeist, seit Urzeiten auf dem höchsten Schwarzwaldberg zu Hause. Johann Peter Hebel, den Feldberggeistern offensichtlich wohlgesinnt, beschreibt ihn in seinem Gedicht „Geisterbesuch auf dem Feldberg" als lichten Engel und machte ihn so weltbekannt. Die alten Feldbergbewohner dagegen kannten den „Dengele" von einer ganz anderen und schlimmen Seite, nämlich „als bösen, schwarzen Unhold und Vorboten des Todes. Weitherum gefürchtet, dengelte er in der Nacht nicht nur seine Sensen, sondern führte auch die Wanderer in die Irre und störte Mensch und Tier im Schlaf." (→ Vetter)

Rätselraten um das Geistervertreiben

In vielen Schwarzwaldgemeinden und vor allem auf Bauernhöfen, die häufig von Geistern heimgesucht wurden, dürfte früher das Geistervertreiben eine grosse Rolle gespielt haben. Unter der Dachtraufe angebrachte Kreuze, aber auch Tierköpfe am Hausgiebel oder vor der Stalltüre sollten helfen, durch Geister drohendes Unheil abzuwehren.

Kuhschädel vor der Stalltüre eines alten Schwarzwaldhauses, der früher vielleicht beim Geistervertreiben helfen sollte.

The local people are familiar with many eerie legends. This skull may have been hung up to keep away evil spirits.

Abendstimmung auf dem schönsten Berg des Schwarzwaldes, dem Belchen. Im Hintergrund sind die bereits in Frankreich gelegenen Vogesen zu erkennen.

Belchen, the most beautiful Black Forest hill at sunset. In the background, the French mountain range of the Vosges shows through.

Von Bäumen, Hainen und Wäldern

Wegkreuz auf dem Feldberg mit dem Hinweis, Natur und Landschaft dieser so einzigartigen Bergregion zu schützen.

Signpost on the Feldberg hill, asking the traveller to treat this unique landscape with due respect.

Etwa 30 000 verschiedene Baumarten, so schätzt man, wachsen auf der Erde. Bei solcher Fülle ist es verständlich, dass viele Zeitgenossen den Wald vor lauter Bäumen nicht mehr sehen, wie es in einer vielgebrauchten Redensart heisst. Für die Forstwirtschaft im Wiesental ist neben der Buche die Fichte am wichtigsten, von der es immerhin 45 Arten gibt. Einzelne Exemplare dieser Spezies werden bis zu 50 Meter hoch und 600 Jahre alt (→ PAPER news). Man schätzt, dass Fichten im Südschwarzwald rund ein Drittel des Waldbestandes ausmachen.

Duftende Schwarzwaldtannen
Fichten und Tannen werden, wie man weiss, oft verwechselt. Eine einfache Regel hilft, die beiden ähnlich aussehenden Nadelbäume sofort zu unterscheiden: Wachsen die Zapfen kerzengerade nach oben wie die Lichter auf einem Weihnachtsbaum, dann handelt es sich um eine Tanne. Ein zweites Kriterium erleichtert zusätzlich die Unterscheidung: Tannen duften nämlich herrlich, wobei jede der rund 40 Arten über ihre eigene Duftnote verfügt. Die anspruchslosen, doch lichthungrigen Kiefern, ebenfalls wichtige Forstbäume, findet man an eher extremen Standorten, z.B. auf kargen Sandböden, Geröllfeldern als Relikte aus der Eiszeit oder aber an den Rändern von Hochmooren.

Prachtexemplare von Bäumen
Die von den Touristen im Südschwarzwald meist fotografierten Bäume sind aber nicht attraktive Tannen oder Fichten, wie man vermuten würde. Es sind die berühmten Wetterbuchen auf der Schauinsland-Halde, von denen einige bereits mehrere Hundert Jahre alt sind. Wie es zu deren besenartigem Aussehen kommt, ist rasch erklärt. Das Wetter auf dem Kamm des Freiburger Hausberges ist – ähnlich wie auf dem Feldberg – fast während des ganzen Jahres ausgesprochen rauh. Meist wehen starke Winde, die mit darin zeitweise enthaltenen Mini-Eiskristallen wie ein gigantisches Sandstrahlgebläse auf die Bäume wirken. Weil die Äste nur auf der windabgewandten Seite richtig wachsen, entstehen oft bizarre Überlebens- und Krüppelformen.

Zahlreiche Bäume, denen man heute im Tal der Wiese begegnet, würden es verdienen, in einem speziellen Band vorgestellt zu werden. Viele von ihnen haben nach einem bewegten Baumleben ein stolzes Alter erreicht. So gibt es in der Schopfheimer „Sengele" gewaltige Eichen, unter denen sich sogar ein paar tausendjährige befinden sollen. Das Alter der im September 1999 im Gersba-

Alte Wetterbuchen mit bizarren Überlebensformen auf den früheren Viehweiden zwischen Schauinsland und Notschrei.

Old weatherbeaten beech-trees on the former cow pastures between Schauinsland and Notschrei.

Mischwald-Partie bei Brandenberg an der Passstrasse zwischen Feldberg und der Stadt Todtnau.

A stretch of mixed forest along the pass road between the Feldberg hill and the city of Todtnau.

cher Wald gefällten „Expo-Tannen" dürfte, wie Forstexperten schätzen, zwischen 150 und 280 Jahren liegen. Die riesige und weithin sichtbare Dinkelberg-Linde oberhalb von Wiechs, der ein Sturm im August 1989 schwer zusetzte, soll mindestens 130 Jahre alt sein. Aber selbst ein doppelt so hohes Alter scheint, wie Helmut Bäckert, der Revierförster der Stadt Schopfheim, versicherte, nicht ausgeschlossen.

Das Naturschutzgebiet Feldberg
Der Feldberg, das älteste, höchstgelegene und grösste Naturschutzgebiet Baden-Württembergs, war bis zu seiner Besiedlung vollständig – und zwar, wie man heute weiss – mit Mischwald bedeckt. Dazu gehörten vor allem Buchen, Fichten und Weisstannen. In den hochgelegenen, feuchteren Regionen sind die Fichten meist mit Flechten und Moosen bewachsen. Buchen in Krüppelformen steigen die Berghänge bis zu einer Höhe von über 1300 Meter hinauf.

Um den Schutz und die Pflege dieser einmaligen Berglandschaft sicherzustellen, beschäftigt die Naturschutzverwaltung einen eigenen Naturschutzwart, den „Feldberg-Ranger". Seit über zehn Jahren übt Achim Laber dieses wichtige Amt in vorbildlicher Weise aus.

Von Bäumen und Menschen
Zu allen Zeiten waren Bäume für die Menschen etwas Besonderes, Einmaliges, oft Heiliges. Sie gehörten, ob nun alleinstehend oder in Form einer kleinen Baumgruppe, zu den verbreitetsten Kultobjekten. Wie man früher glaubte, wohnten viele der Götter entweder in Bäumen oder sie erschienen in diesen. So glaubte man im griechischen Dodona, aus dem Rauschen der heiligen Eichen den Willen des Zeus zu erfahren. Buddha empfing unter dem Bodhibaum seine Erleuchtung.

Heilige Haine
Haine als geschlossene Gruppe von Bäumen spielten in zahlreichen Religionen eine wichtige Rolle. So verehrten die Germanen, wie Tacitus berichtet, in Heiligen Hainen ihre Gottheiten. Ortsnamen wie z.B. Heiligenforst lassen die erha-

Der Letzbergweiher am Philosophenweg oberhalb Schönau im Schwarzwald.

A pond facing Philosopher's Path above Schönau in the Black Forest.

bene Bedeutung dieser Orte vermuten, welche durch Hain-Gesetze und Sanktionen gegen Baumfrevel streng geschützt waren.

Der waldreiche Landkreis Lörrach
Nach Angaben in der Kreischronik bedecken fast 40 000 Hektar Wald die Gesamtfläche des Kreises Lörrach, was einen Anteil von 49% (Landesdurchschnitt Baden-Württemberg: 37%) ausmacht bei starken regionalen Unterschieden. Waldanteile von mehr als 60% gelten im Oberen und Kleinen Wiesental als Normalfall. Schönaus Gemarkung erreicht den Spitzenwert von 77%. Als Folge der Eingemeindung waldreicher Gemarkungen wie etwa Gersbach verfügt selbst die Stadt Schopfheim über 51% Waldanteil.

Der Löwenanteil der Wälder im Tal der Wiese gehört den Gemeinden. Doch gibt es Ausnahmen wie z.B. im Kleinen Wiesental. Auch in Gersbach

Ein Hain auf der Alm Knöpflesbrunnen, wo gelegentlich auch Feldgottesdienste abgehalten werden. Man kann diese herrlich gelegene Stelle in luftiger Höhe durch das Wiedenbachtal erreichen.

This lovely grove on the lofty mountain pasture of Knöpflesbrunnen, an ideal place for field-services, is best reached by way of the Wiedenbach valley.

Birkenquartett mit „Bürgermeister-Bänkli" beim Rümmelesbühl südlich von Gresgen im Zeller Bergland.
A quartet of birch-trees backing up the so-called Mayor's bench at Rümmelesbühl south of Gresgen in the hilly country of Zell.

befinden sich die grössten Waldflächen im Besitz von Privaten.

Gersbacher Tannen für die Expo 2000
Im September 1999 wurden die Stämme von 40 Weisstannen, die bisher im Wald der Berggemeinde Gersbach standen, zu einem Waldshuter Holzkonstruktionsbetrieb abtransportiert. Die riesigen Baumstämme werden für die Weltausstellung in Hannover benötigt, und zwar für das Dach des Hauptveranstaltungsbereiches. Es soll das kreative Symbol des Expo-Themas „Mensch-Natur-Technik" darstellen.

Das Alter der im Gersbacher Wald gefällten Tannen dürfte, wie Forstexperten schätzen, zwischen 150 und 280 Jahren liegen. Dass es in der Region noch immer alte Tannen in grosser Zahl gibt, davon konnten sich die beim Abtransport der Riesenstämme zahlreich anwesenden Beobachter überzeugen.

Schweizer „Baumpflegetag 99"
Am 22. Oktober fand erstmals unter dem Namen „Baumpflegetag 99" in Basel eine Fachtagung statt, die zukünftig alle zwei bis drei Jahre in einer anderen Schweizer Stadt durchgeführt werden soll. Gastgeber war die Stadtgärtnerei Basel unter Leitung von Emanuel Trueb. Partner sind die Vereinigung Schweizerischer Stadtgärtnereien und Gartenbauämter, der Bund Schweizer Baumpflege und die Gemeindegärtnerei Riehen.
Ziel solcher Fachveranstaltungen ist es, wie der Basler Stadtgärtner in einem Interview (→ Basler Zeitung vom 22. Okt. 1999) mitteilte, den aktuellen Stand der Kenntnisse in der Baumpflege einem breiten Publikum zugänglich zu machen, dabei aber auch auf ein paar schweizerische Besonderheiten hinzuweisen.

Der Baum als Lebewesen
Früher bekämpfte man z.B. Fäulnisstellen an Bäumen, füllte Hohlräume mit Beton aus oder stabili-

sierte Bäume mit Metallgewindestangen. Diese Methoden gelten inzwischen als überholt. Heute versucht man, sich auf den Baum in seiner Gesamtheit als Lebewesen mit all seinen physiologischen Funktionen zu konzentrieren – von der Pflanzung des jungen Baumes bis zum Fällen. Schwerpunktthema des ersten Schweizer Baumtages waren die durch Bakterien, Pilze oder Schädlinge verursachten Baumkrankheiten.

Vom Symbol zum Schutzobjekt
In fast allen Kulturen gilt seit jeher der Baum als ein Ursymbol. Doch hat in der jüngsten Vergangenheit ein gravierender Bedeutungswandel, fast eine Rollenumkehr stattgefunden: Aus dem Symbol des Lebens, des Wachstums, der Kraft und des Ausdauerns ist heute ein Symbol der Verletzlichkeit und der Verletzbarkeit geworden. Der Baum, der während Jahrtausenden den Menschen schützte, ist nun selbst auf seinen Schutz angewiesen. (Modifiziert nach S. Selbmann →)

Prächtige Fichten spiegeln sich im tiefen Blau des Nonnenmattweihers, einem Relikt aus der Eiszeit.

Stately spruces reflected in the deep blue waters of the Nonnenmatt pond, which is a relict of the ice-age.

Eine mindestens 130 Jahre alte Linde oberhalb von Wiechs. Wie ein Leuchtturm im Meer thront der Baumriese auf dem Dinkelberg.

For more than 130 years, this venerable lime-tree has towered on the Dinkelberg hill as a landmark to be seen for miles around.

Bäume beim Eichener See auf dem Dinkelberg oberhalb Schopfheim, wie er sich noch im Mai 1999 präsentierte. In normalen Jahren sind hier zu dieser Zeit grüne Wiesen und Kornfelder.

These trees usually stand beside green pastures and cornfields above Schopfheim. Here, they line for once the banks of the Eichen lake, due to the floods of early 1999.

Kulturelles Leben

Das kulturelle Leben im Tal der Wiese ist lebhaft und vielfältig, sowohl traditionell-brauchtumsbezogen als auch modern-innovativ. Es ist Teil der Regio-Kultur im Dreiland, welche auf einem stark alemannisch geprägten Gefühl der Zusammengehörigkeit beruht, aber auch auf gemeinsam erlebter und erlittener Geschichte.

Als Bindeglied zwischen den verschiedenen Teilen der Regio Basiliensis darf unverändert die Hebel-Tradition genannt werden. Das Vermächtnis des 1760 in Basel geborenen Johann Peter Hebel, seine tiefempfundene Heimatverbundenheit und seine „Sprache des Herzens" (Picard) haben selbst in den schlimmsten Kriegszeiten die persönlichen Beziehungen zwischen den Bewohnern der Region nie ganz abbrechen lassen.

Reiche Kulturszene im Tal der Wiese

Viele Gemeinden verfügen mittlerweile über verschiedene Institutionen zur Förderung der regionalen Kultur, beispielsweise über eine Gemeinde- bzw. Stadthalle, eine Bibliothek, ein Museum, eine Volkshochschule mit attraktivem Programm, einen sogenannten Kulturring, ein Jugendzentrum und vor allem ein reges Vereinsleben. Selbst kleinere Kommunen können inzwischen mit beeindruckenden Zahlen von Events im Kulturbereich aufwarten.

Die auf den folgenden Seiten zufällig zusammengestellten Aufnahmen können höchstens einige Impressionen von Ereignissen wiedergeben, wie sie sich in der Kunstszene zwischen dem Feldberg und der Kulturmetropole Basel abgespielt haben. Sie sollen stellvertretend für Hunderte anderer Anlässe stehen, die ebenso originell und innovativ, vielleicht sogar noch bedeutender waren.

Lörracher Kulturbeiträge

Das „Stimmenfestival", der Neubau des Burghofs Lörrach, die Ausstellung zur Revolution von 1848, das Projekt „Kunst und Kultur aus der Türkei" – all das waren einige der herausragenden Events einer konzeptionell intelligenten Kulturpolitik, für die Helmut Bürgel verantwortlich zeichnet. Selbst Kritiker müssen mittlerweile eingestehen, dass sich seit dem Amtsantritt des Kulturreferenten im Jahre 1993 das Lörracher Kulturleben eindrucksvoll verändert hat.

Kleinkunst im TAM-Theater in Alt-Weil

Grosse Kunst auf den Bühnen in Lörrach, Kleinkunst im intimen Theater am Mühlenrain ganz nahe an der Grenze zu Riehen – die Kontraste könnten nicht grösser sein. Erwin Sütterlin und seinem TAM-Team ist es im Frühjahr 1999 mit „Die luschdige Wiibr vo Alt-Wiil" gelungen, das bekannte Shakespeare-Stück von Windsor nach Weil zu verlegen und ins Alemannische zu übertragen.

Im „Webi-Hof" in Zell im Wiesental gelangte in den Sommerwochen 1998 mit „Ein Tag im April 1848" ein Theaterstück zur Aufführung, das die Badische Revolution in Zell zum Thema hat. Verfasser des Stückes ist Gerhard Jung, der 1926 in Zell geborene Heimatdichter und Schriftsteller. Das initiative Multitalent starb im Jahr der Zeller Freilichtspiele.
In summer 1998, a play about the Baden revolution of 1848 was given in the courtyard of a former weaving-mill in Zell, the village where its author Gerhard Jung had been born in 1926.

Erwin Sütterlin, der seit 25 Jahren Kleinkunst macht, vor seinem Theater am Mühlenrain in Weil am Rhein. Nach seiner Idee wurde - frei nach Shakespeare - die im alemannischen Dialekt verfasste Komödie „Die luschdige Wiibr vo Alt-Wiil" in Alemannisch aufgeführt.
The local cabaret artist Erwin Sütterlin, who staged a version of Shakespeare's "Merry Wives of Windsor" as an Alemannic dialect play, in front of his theatre.

Nach über zweijähriger Bauzeit wurde am 6. November 1998 im Herzen der Kreisstadt der Burghof Lörrach als „neues Theater- und Konzerthaus, Kultur-, Tagungs- und Veranstaltungs-Zentrum" festlich eröffnet, wie es ganz offiziell in einer Medienorientierung hiess.

In November 1998, the spacious new cultural centre of the chief district town Lörrach, which is intended to accommodate theatre plays and concerts as well as conferences of any kind, was officially opened.

Helmut Bürgel, Kulturreferent, Geschäftsführer und Künstlerischer Leiter des Burghofs Lörrach, vor dem neuen Kulturzentrum, das von der renommierten Basler Architektin Katharina Steib entworfen wurde.

Helmut Bürgel, the cultural adviser and director of the cultural centre "Burghof" in Lörrach, which was designed by the well-known Basel architect Katharina Steib.

Mit den „Wrapped Trees" von Christo & Jeanne-Claude rückten in Riehen Bäume ins Bewusstsein einer breiten Öffentlichkeit. Kunstliebhaber aus aller Welt pilgerten vom November 1998 an in die Basler Vorortgemeinde zum unvergleichlichen Mega-Event.

The art performance of Christo & Jeanne-Claude's "Wrapped Trees", accompanied by an exhibition of the sketches for this event in the renowned Beyeler Museum in the Basel precinct Riehen brought international fame to the region.

Die im Sommer 1999 in der Nähe des Inzlinger Wasserschlosses stattfindenden Kunstwochen standen unter dem Motto „Skulptur in Natur". Die selbständige Dinkelberg-Gemeinde liegt oberhalb von Lörrach in unmittelbarer Nähe zur schweizerischen Landesgrenze bei Riehen.

In summer 1999, cultural weeks according to the motto "Sculpture in Nature" took place near the attractive moated castle of Inzlingen.

Sport und Freizeit

Was im vorangehenden Kapitel über Anlässe in der Kulturszene gesagt wurde, lässt sich teilweise auch auf Sport und Freizeit anwenden: Die Zahl der Events im Tal der Wiese ist riesig. Ein spezieller Band „Sport und Freizeit" wäre für diese Region gewiss gerechtfertigt, zumal im Februar 2000 für Todtnau zwei Ski-Weltcups vorgesehen sind.

Beispiel Todtnau: die aufstrebende Sport- und Freizeitstadt im Oberen Wiesental
Die Schwarzwaldstadt hat im Mai 1998 vom Internationalen Skiverband den Zuschlag für die Ausrichtung eines „Doppel-Weltcups 2000" der Herren am 5. und 6. Februar 2000 erhalten. An diesen Tagen werden am Ahornbühl Hermann Maier & Co. beim Slalom bzw. Riesenslalom an den Start gehen: ein Rendez-vous der Ski-Weltelite im Oberen Wiesental also! Mit den Arbeiten auf Todtnaus grösster Baustelle, dem Zielraum der Skiweltcupstrecke, wurde bereits in den Sommerwochen 1999 begonnen.

Die Stadt am Fusse des Feldbergs setzt ihre Zukunftsplanung immer mehr auf den Sport- und Freizeitbereich und ist dabei, die Infrastruktur für bestehende und neue Aktivitäten auf den allerneuesten Stand der Technik zu bringen.

Das Mekka der Biker
Alljährlich in den Sommermonaten wird Todtnau mit seiner berühmten Downhill-Strecke am Hasenhorn zum Mekka der Biker. Die Abfahrtsstrecke ist in der Bundesrepublik Deutschland die einzige offiziell autorisierte Einrichtung für diese Sportart. Der „Mountainbike-Fun-Park" gilt als die grösste ausgewiesene Anlage dieser Art in Europa. Die neue „Freeride-Strecke" ist, wie Organisator und Nationaltrainer Stefan Hermann Mitte Juli 1999 voller Stolz bei einer Pressekonferenz vor der Deutschen Meisterschaft im Downhill-Mountainbike mitteilte, geradezu optimal für

Eine erlaubte Zweckentfremdung der Todtnauer Sesselbahn, die zum 1025 Meter hohen Hasenhorn führt: Mountainbikes wurden vom 16. Juli 1998 an bei der Deutschen Meisterschaft im Downhill zum Start in luftiger Höhe transportiert.

Each summer, the region around Todtnau turns into a Mecca for bikers – and the chair-lift to the Hasenhorn (height 1025m) gets to transport rather unusual customers.

Downhill-Biken will gelernt sein, wie man als Zuschauer an der Abfahrtsstrecke schnell erkannte. Trotz Regenwetter fuhren viele der rund 350 Biker in halsbrecherischer Fahrt die stellenweise steile Hasenhorn-Strecke hinunter, was zu einigen Stürzen führte.
At the German Championships of Downhill-Biking, which took place at Todtnau in July 1998, the pouring rain led to quite a few falls on the steep track.

die Durchführung von Fahrtechnik-Camps. Das grosse Biker-Event fand vom 16. - 22. Juli 1998 erstmals in Todtnau statt. Rund 350 Fahrer waren dazu ins Obere Wiesental gekommen.

„Die 12 Stunden von Todtnauberg"
Aber auch Todtnauberg mischt beim Bike-Sport kräftig mit: Am 28. August 1999 fand auf einem 14 Kilometer langen Rundkurs bereits zum zweitenmal der zwölfstündige strapaziöse „Mountainbike-Power" statt. Dieses „Cross-Country-Rennen", an dem rund 300 hartgesottene Ausdauersportler teilnahmen, gilt als eines der härtesten in Europa.

Schönauer Segelflieger mit Weltrekorden
Der Gründer eines Schönauer Unternehmens und Seniorchef hat ein Hobby, das ihm - neben seiner eigenen Firma - bereits seit Jahrzehnten viel Freude bereitet. Er ist ein leidenschaftlicher Segelflieger und verbringt im Sommer seine Zeit am liebsten dort, wo seine Nimbus 3 MR steht: auf dem Heimatflugplatz Hütten im Hotzenwald oberhalb von Wehr. Hier oben herrschen, wenn die Grosswetterlage stimmt, meist nicht nur ideale Flugbedingungen, man kann auch stundenlang mit langjährigen Fliegerkollegen fachsimpeln. Segelfliegen ist Spitzensport ohne Altersgrenze: Hier zählen vor allem mentale Fähigkeiten und Erfahrung. Früher hat Fritz Rueb mit seinen Flugzeugen eine ganze Menge Rekorde aufgestellt, darunter auch Weltrekorde. So war er der erste Segelflieger, der auf dem afrikanischen Kontinent erstmals die 1000-Kilometer-Grenze durchbrochen hat. Doch Renommieren ist nicht seine Stärke; der Kosmopolit gibt sich lieber bescheiden. Das gilt auch für viele technische Entwicklungen, die seine Handschrift tragen: z.B. die schnellste Maschine der Welt zur Herstellung von Zahnbürsten, die vom Tüftler Fritz Rueb stammt. Trotz fortgeschrittenem Alter arbeitet er noch immer jeden Tag. Dass er kürzlich Ehrenbürger der von ihm so geliebten Stadt Schönau wurde, darauf ist er aber zu Recht mächtig stolz.

Der Schönauer Fabrikant Fritz Rueb ist Inhaber mehrerer Rekorde im Segelfliegen. Hier steht er auf dem Heimatflugplatz Hütten im Hotzenwald vor seiner Nimbus 3 MR.

Gliding is another frequently practiced sport in this region. Fritz Rueb, a local industrialist and great gliding pilot, is a multiple record-holder who constructs his own gliders.

Gruppenfoto mit den 12 Bundesliga-Aktiven der Tauziehfreunde Böllen e.V.

The locals are especially proud of their strong men, who excel in tug-of-war competitions.

Die 12 Aktiven der Bundesliga
Von links nach rechts stehend:

Dietmar Broghammer
Stefan Broghammer, Bundestrainer
Markus Böhler
Michael Broghammer
Martin Broghammer
Daniel Roser
Dirk Wagner
Karl Kiefer
Thomas Merten
Markus Diesslin
Jörg Raimann
Thomas Broghammer

Gegen ein solches Spitzenteam im Tauziehen haben Gegner ausserhalb der Bundesliga geringe Chancen, und Bürgermeister, auch wenn sie sich wie beim abgebildeten Plausch-Wettkampf vom 29. April 1999 in Böllen noch so anstrengten, schon gar nicht.

Die starken Männer aus Böllen, der kleinsten selbständigen Gemeinde Baden-Württembergs
Das 113-Seelen-Dorf am Südhang des Belchens hat viele Superlative anzubieten. Besonders stolz sind die Einheimischen jedoch auf ihren Tauziehverein. Die Idee, einen solchen Verein zu gründen, entstand Mitte der Achtzigerjahre am Stammtisch im „Maien", wie der erste Vorstand der Tauziehfreunde Böllen e.V., Jörg Raimann, schmunzelnd berichtet. Mit viel Einsatz, Fleiss, einem erstklassigen Trainer und einer neuen Sandbahn entwickelte sich in kurzer Zeit ein erfolgreiches Team, das immer besser wurde und schon bald die ersten Meistertitel holte. Sportlehrer und Trainer Stefan Broghammer, der als der noch immer stärkste Mann des Teams alleine 172,5 Kilo sechs Meter weit zieht, ist längst zum Bundestrainer der deutschen Tauzieher aufgestiegen. Er verstand es, die Böllener auf Erfolgskurs zu bringen und vor allem zu halten. So zum Beispiel zur Bilanz 1999: Teilnahme an den Europa-Meisterschaften in Holland – dabei Platzierung unter den ersten 12 von insgesamt 65 Mannschaften, Deutscher Meister in der 600-Kilo-Klasse, Deutscher Vizemeister in der 640- und 720-Kilo-Klasse.

Das Team von Stefan Broghammer schafft seine sympathischen „Gegner" sogar bergaufwärts.

Even uphill, the professional team from Böllen, the smallest village of the region, is practically unbeatable.

Kräftevergleich im Angesicht des Belchens

Die in der Region vielgepriesene Kraft des Belchens nutzte den Kommunalpolitikern – trotz Verstärkung durch einen Bürgermeister-Stellvertreter – in diesem Falle wenig.

Die Bürgermeister-Auswahl beim Regional-Wettbewerb „Oberes Wiesental" im Tauziehen gegen die Teilnehmer aus der Bundesliga.

Kurzporträt des Belchendorfes Böllen
- **Kleinste selbständige Gemeinde des Landes Baden-Württemberg**
- Am Südhang des Belchens in einer Höhe von 750 m gelegen: Ortsteile sind Oberböllen, Niederböllen und Hofgut Haidflüh
- An der Landesstrasse 131 zwischen Schönau und Badenweiler
- 113 Einwohner, rund 80 Kühe u.a.
- 1971 drohte die Zwangseingemeindung
- Durch Gründung des Gemeindeverwaltungsverbandes Schönau blieb die Selbständigkeit des Dorfes erhalten
- Böllens Stolz sind seine Tauzieh-Aktiven
- Das Vereinslokal der Tauziehfreunde ist der „Maien", der einzige Gasthof am Ort

Gruppenfoto von der Bürgermeister-Auswahl beim Tauziehen gegen die Böllener Bundesligisten am 29. April 1999.

The courageous amateurs: a team of regional town mayors, who were invited for a fun competition in April 1999.

Trotz grösster Kraftanstrengungen und hoher Motivation waren die Profis auf der anderen Seite des Taus stärker.

In spite of their joint efforts, the brave knights of the town halls did not stand a chance against the professionals.

Die Teilnehmer der Bürgermeister-Auswahl
Von links nach rechts stehend:

Richard Renz
BM von Aitern

Günter Marterer
BM-Stellvertreter von Fröhnd

Harald Lais
BM von Utzenfeld

Robert Goldmann
BM von Wembach

Bernhard Seger
BM der Stadt Schönau im Schwarzwald

Walter Seger
BM von Tunau

Berthold Klingele
BM von Wieden

Eugen Pfefferle
BM von Schönenberg

Reinhold Kiefer
BM von Böllen

II. DER WIESE ENTLANG

Der Feldberg
und das „Dorf am Himmel"

Der frühere Feldberger Urwald
Noch vor tausend Jahren war das gesamte Feldberggebiet von geschlossenen Wäldern bedeckt. Die Besiedlung des höchsten Schwarzwaldberges setzte verhältnismässig spät ein, nämlich erst im 13. Jahrhundert (→ Vetter). Damit verbunden war ein immer stärkeres Abholzen ganzer Waldflächen, bis schliesslich die letzten grösseren Bestände des früheren Urwaldes verschwunden waren.
Holz wurde überall und zu fast jedem Zwecke gebraucht. Riesiger Bedarf herrschte vor allem im Silberbergbau der Todtnauer Region, in den Eisenhütten am Hochrhein und in den Glashütten, die vom 17. Jahrhundert an im Schwarzwald wie Pilze aus dem Boden schossen, und an die noch Namen wie jener von Altglashütten, einem Ortsteil von Feldberg, erinnern. Im Vergleich zu den Tausenden Ster Holz, welche in diesen Produktionsbetrieben laufend benötigt wurden, nahm sich der Bedarf im häuslichen und landwirtschaftlichen Bereich geradezu bescheiden aus.

Holztransport auf der Wiese
Die Einführung der Flösserei auf der vom Feldberg herabfliessenden Wiese, an deren Anfang eine Initiative der vorderösterreichischen Regierung im Jahre 1723 stand, aber auch die auf der Dreisam und der Gutach, leitete eine neue Ära der Holzwirtschaft ein: Nunmehr konnten riesige Holzmengen aus der unzugänglichen Feldbergregion talabwärts transportiert, die Gemeinden im Vorderen Wiesental und insbesondere die Stadt Basel mit dem dringend benötigten Brennholz versorgt werden. Die Kehrseite der Medaille: die neuen Transportmöglichkeiten leiteten schon bald das Ende der letzten Urwaldgebiete des Feldbergmassivs ein. Der nicht nur in diesem

Begegnung mit Stefan Wirbser, dem sportlich-dynamischen Bürgermeister der Gemeinde Feldberg im „Dorf am Himmel", dem mit rund 1300 m höchstgelegenen Ort Baden-Württembergs und Zentrum eines einzigartigen Naturschutzgebietes.

Stefan Wirbser, the sporty mayor of the Feldberg district in the „village in the sky" (Feldberg-Ort, 1300m), which is the highest residential area of Baden-Württemberg right in the centre of a marvellous nature reserve.

Gebiet, sondern im gesamten Südschwarzwald in grossem Stil betriebene Raubbau an den einstmals so riesigen Wäldern – ohne die heute übliche Wiederaufforstung - führte schon bald zu Engpässen bei der Holzversorgung. Und damit zurück in die Gegenwart: Auch wenn noch eine ganze Menge zu tun bleibt, so wurden aus den leidvollen Erfahrungen früherer Jahrhunderte viele Lehren gezogen.

Ein Naturschutzgebiet der Superlative
Der mit 1493 m höchste Berg des Schwarzwaldes ist auch das älteste Naturschutzgebiet des Landes. Bereits 1937 unter Schutz gestellt, wurde die Schutzzone des Feldbergs 1991 sogar erweitert. In dem vom Regierungspräsidium Freiburg 1998 herausgegebenen Nachschlagewerk „Die Naturschutzgebiete im Regierungsbezirk Freiburg" heisst es dazu ergänzend, dass die Feldberg-

Wie eine Insel erhebt sich der kahle Rücken des Feldbergs aus dem ihn umgebenden Waldmeer. Seit 45 Jahren thront auf dem 1448 m hohen Seebuck der Fernsehturm, eines der weithin sichtbaren Erkennungszeichen des Feldbergs.

Like an island in the sea, the bare mountain ridge of the Feldberg rises from the surrounding forests. The television tower, however, which has been a prominent landmark for 45 years, will not be used for broadcasting much longer.

region „das mit nunmehr 4226 Hektar grösste und mit dem höchsten Berg der deutschen Mittelgebirge auch das höchstgelegene Naturschutzgebiet in Baden-Württemberg" ist.

Eindrucksvolle Fichtenwälder
Den weitaus grössten Teil des Naturschutzgebietes machen heute Fichtenwälder aus, was keineswegs immer so war: ursprünglich dominierten Buchen- und Tannenwälder, wobei das Mischungsverhältnis je nach Region stark variierte. Stets gehörten auch Fichten zur Baumpopulation des früheren Mischwaldes. Durch eine Reihe forstwirtschaftlicher Eingriffe wurde jedoch das natürliche Gleichgewicht verändert. Vor allem wegen der vielseitigen Verwendbarkeit ihres Holzes wurden Fichten nun verstärkt angepflanzt.

Dass es auf dem Feldberg heute über 500 Gemsen gibt, von denen man gelegentlich einige beobachten kann, ist kein Jägerlatein. Und wenn behauptet wird, dass sich dort das grösste deutsche Auerhahn-Balzgebiet befindet, ist das ebenfalls richtig.

Ein Gipfel voller Türme
Die auf dem Feldberg stehenden Türme sind bei klarer Sicht bereits von weither zu sehen und geben dem kugeligen Berg, mit seinen 1493 m Gipfelhöhe die Nummer Eins im Schwarzwald, sein eigenes und unverwechselbares Aussehen. Zu erwähnen sind vor allem der moderne Fernsehturm, der Feldbergturm und das zu Ehren des „eisernen Kanzlers" 1896 aus Naturstein errichtete Bismarck-Denkmal.

Für zusätzlichen Aufschwung beim Wintersport dürfte die neue Sesselbahn sorgen.
The new chair lift will efficiently support all kinds of winter sports.

Die Doppelsesselbahn am Seebuck: Sie garantiert während des ganzen Jahres einen mühelosen und schnellen Aufstieg zum Bismarck-Denkmal, zum Fernsehturm und zum Berggipfel.

During the whole year, the double chair lift provides quick and easy access to the Bismarck memorial, the television tower and the mountain peak at 1493 m.

Grosser Skizirkus am Seebuck: Gute Umsätze in dieser Region sind vor allem mit dem „Skiberg" zu erzielen. Doch gerade der Wintertourismus stellt eine ständige Gratwanderung zwischen Kommerz und Naturschutz dar.

Great bustle at the Seebuck, the "skiers' mountain" of the region. Although financially expedient, promoting winter sports also means a tightrope walk between economical profit and nature protection.

Eine nicht alltägliche Begegnung im Dezember 1998 in Feldberg-Ort: Skifahrer auf dem Weg zu ihren Skipisten am Seebuck passieren den höchstgelegenen Weihnachtsmarkt Deutschlands.

Rather an unusual picture: skiers passing the Christmas fair in the dizzy heights of "the village in the sky" in December 1998.

Winterfreuden im schneereichen Februar 1999 und vorfastnächtliche Gaudi zugleich: auch Fred Feuerstein ist mit von der Partie.

Winter pleasures and pre-carnival conviviality in the great snows of February 1999 – with Fred Flintstone joining in the fun.

Die noch ungestüme Wiese etwa 500 m unterhalb ihres Quellgebietes. Auf dem Hebelweg kann man den jungen Schwarzwaldfluss begleiten und dabei auf Schrifttafeln Verse des Heimatdichters lesen.

About 500m below the spring, the river Wiese is still turbulent. On the Hebelweg, a path along the young Black Forest river dedicated to the regional poet Johann Peter Hebel, tablets with his dialect verse have been put up.

Die Stadt Todtnau
und das Todtnauer Ferienland

Auf dem Hebelweg talabwärts
Begleitet man die junge Wiese auf ihrem steilen Weg von der rund 1230 m hoch gelegenen Wiesenquelle in Richtung Fahl, so bieten sich dem Wanderer vor allem im Frühling unvergleichliche Anblicke, einzigartige Düfte und Geräusche. Der Abstieg über den bereits 1899 angelegten Hebelweg gilt zu Recht als ein besonderes Erlebnis. Im Fahler Loch hat der junge Bergfluss mit seiner strotzenden Vitalität eine Felsenschlucht ausgehöhlt und so den vielleicht reizvollsten Abschnitt im Tal der Wiese geschaffen. Über Treppen und Stege erreicht man schliesslich nahe der Talstation des Fahler Skilifts und der grossen

Die junge Wiese bei Fahl, nachdem sie bereits einige ebenfalls in der Feldbergregion entspringende Gebirgsbäche aufgenommen hat.

The young river Wiese near Fahl, having absorbed several other mountain streams rising from the Feldberg region.

Steinbrücke „bei der Poche" zwischen Brandenberg-Fahl und der Kernstadt. In diesem Gebiet standen im Spätmittelalter Hüttenanlagen, die zum Todtnauer Bergbau gehörten. In der „Poche" wurde früher das Erz zerkleinert.

Stone bridge at the so-called "poche" between Brandenberg-Fahl and Todtnau, the largest community of the district. In the late Middle Ages, cottages for the mine workers had been built here, and the ore used to be crushed in the "poche".

Haarnadelkurve der Bundesstrasse 317 das untere Ende des Hebelweges. Unermüdliche Wanderer, die auch den sich anschliessenden Teil des Wiesentals naturnah erleben möchten, haben dazu Gelegenheit: sie können auf dem wunderschönen Feldbergpfad bis nach Schönau weiterwandern.

Todtnau als grösste Flächengemeinde
Mit annähernd 7 000 Hektar ist die Stadt Todtnau, zu der die Ortsteile Aftersteg, Geschwend, Muggenbrunn, Präg, Schlechtnau, Fahl-Brandenberg und Todtnauberg gehören, die hinsichtlich Fläche grösste Gemeinde des Landkreises. Sie schliesst den gesamten Einzugsbereich der oberen Wiese von deren Quelle bis zur Einmündung des Prägbaches ein (→ Landkreis). Die Kernstadt liegt an einer von der Natur begünstigten zentralen Stelle des Oberen Wiesentals, wo sich wichtige Verkehrswege kreuzen.
Architekt des modernen Todtnau ist Edmund Keller, während 24 Jahren Bürgermeister der Stadt. Ihm gelang das Kunststück, die so unterschiedlichen Teilorte in die Kernstadt zu integrieren und daraus - zum Nutzen aller Beteiligten – etwas Neues entstehen zu lassen.

Das Todtnauer Ferienland
So wird seit einigen Jahren die auf einer Höhe von 600 bis 1490 m gelegene Landschaft im Hochschwarzwald zwischen Feldberg, Hochkopf und Schauinsland bezeichnet, die touristisch

Die Stadt Todtnau liegt an einer von der Natur begünstigten zentralen Stelle des Oberen Wiesentals, wo sich wichtige Verkehrswege kreuzen. Die herausgeputzte Innenstadt wird von der Johanneskirche dominiert, deren Wahrzeichen die berühmte Doppelturmfassade ist.

The city of Todtnau, being situated in the very centre of the upper Wiese valley, represents an important traffic junction. The well-tended city is dominated by St. John's church and its famous twin towers.

sehr vieles bietet: ausgedehnte Wanderwegsysteme, Aussichtspunkte, Naturschutzgebiete, vielfältige Sport- und Kureinrichtungen, Berggasthöfe usw. Um zusätzlichen Schwung in den Tourismus zu bringen, wurde Anfang März 1999 die „Tourismusgesellschaft Todtnauer Ferienland GmbH" gegründet. Sie wird sich für sportliche Grossveranstaltungen wie z.B. Skiweltcups, Nationale Meisterschaften, Mountainbike-Events usw. einsetzen. Auch bei dieser neuen Organisation wirkte Alt-Bürgermeister Edmund Keller als Vordenker mit; als Vorsitzender des Aufsichtsrates ist mit seinem weiteren Engagement zu rechnen.

Todtnauer Erfolgsgeschichten
Das am Fusse des 1156 m hohen Hasenhorns gelegene Todtnau hat eine Menge Besonderheiten und Superlative, aber auch Kurioses zu bieten.

Im Gedenken an den Todtnauer Erfinder wird alle drei Jahre einem Friseur, der sich in seinem Beruf besondere Verdienste erworben hat, der Karl-Nessler-Preis verliehen.

As Karl Nessler, the hairdresser to whom we owe the world-famous perm, was born in this region, a Karl-Nessler-Prize is awarded every three years to an outstanding figaro of our days.

Die Stadt zählt zu den grössten Waldbesitzern Baden-Württembergs. In keiner anderen Gemeinde des Landes gibt es mehr Naturschutzflächen als hier. Rund ein Drittel der elektrischen Energie, die in Todtnau verbraucht wird, entsteht durch die heimische Wasserkraft.

In der Berglandschaft sind viele erfolgreiche Industrieunternehmen und bekannte Handwerksbetriebe entstanden. Auch eine ganze Reihe von Tüftlern und Erfindern stammt aus dieser Region, so zum Beispiel auch Karl Nessler, der 1906 die weltberühmte Dauerwelle erfand. Dem Todtnauer Michael Thoma wird die Entwicklung der Dachpappe im Jahre 1841 zugeschrieben.

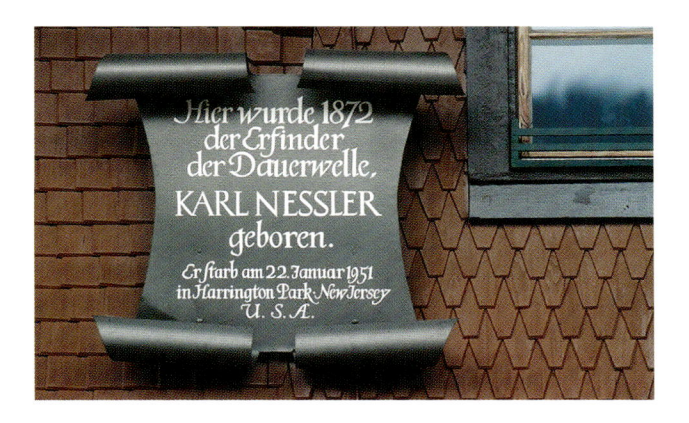

Das „Todtnauerli" vor der Abfahrt im Zeller Bahnhof. Dieses Foto entstand Ende der 30er Jahre.
The regional train – still steam-powered – on its narrow-gauged tracks at the station of Zell in the late thirties.

Ein Tunnel in der Nähe der früheren Station „Kasteler Brücke" erinnert noch an die Schmalspurbahn. Auf der alten Trasse ist vor Jahren ein Wanderweg entstanden.
A tunnel near the former station of "Kasteler Brücke" still recalls the narrow-gauged railway.

Das gute, alte „Todtnauerli"
Während Jahrzehnten spielte die Eisenbahn im Oberen Wiesental eine wichtige Rolle. Die dampfbetriebene Schmalspurbahn, die 1889 ihren Dienst aufnahm, verkehrte 78 Jahre lang zwischen Zell und Todtnau, beim Personenverkehr von 1955 an in modernen Triebwagen. Nach der Endstation der 18,24 km langen Bahnstrecke nannten die Einheimischen die Kleinbahn bald schon „Todtnauerli". Es gab insgesamt 12 Stationen, nämlich Zell, Atzenbach, Mambach, Hepschingen*, Kasteler Brücke*, Wembach, Schönau, Schönenbuchen*, Utzenfeld, Geschwend*, Schlechtnau* und schliesslich Todtnau als Endstation. Die mit * bezeichneten fünf Stationen waren Bedarfshaltestellen. In den Dreissigerjahren verkehrten täglich sieben Züge in beiden Richtungen, am Wochenende sogar bis zu zehn. Mit der letzten Fahrt am 23. September 1967 ging das Kapitel „Todtnauerli" zu Ende. Auch heftige Proteste der verärgerten Bevölkerung konnten nichts mehr ausrichten. Dass noch immer zwei der alten Dampflokomotiven bei der Museumsbahn Eurovapor in der Genfersee-Region der französischen Schweiz im Einsatz sind, mag diejenigen aus dem Oberen Wiesental trösten, die mit der lustigen Bahn Kindheits- oder Jugenderinnerungen verbinden.

Sportanlässe am Hasenhorn, dem Todtnauer Hausberg, gab und gibt es viele. Doch die Deutschen Meisterschaften im Downhill-Mountainbike im Sommer 1998 waren etwas Besonderes, und sie machten Todtnau als aufstrebende Sportstadt weiterum bekannt.

Many sports events take place on the Hasenhorn mountain near Todtnau. But above all, the German Championships in Downhill-Biking in the summer of 1998 managed to attract attention to the rising city of sports.

Impressionen vom Todtnauer Wasserfall unterhalb von Todtnauberg. Die enormen Wassermassen fliessen in den Schönenbach, der sich im Zentrum von Todtnau mit der Wiese vereinigt.
Views of the falls below the hill called Todtnauberg. Great amounts of water tumble into the river Schönenbach, which joins the river Wiese in the centre of Todtnau city.

Gruppenbild der seltenen Art: Jürgen Lange, ein Schäfer aus echtem Schrot und Korn, und seine beiden treuen Helfer, zwei altdeutsche Schäferhunde.
Jürgen Lange, one of the few remaining full-time shepherds of the region with his expert collaborators, two sheep-dogs of an old German breed.

Begegnungen am Hasenhorn
Am Todtnauer Hausberg trifft man aber den Sommer über nicht nur Mountainbiker und Wanderer, im Winter Skifahrer und Rodler. Jürgen Lange aus Freiburg, seit über 27 Jahren engagierter Schäfer, zieht gelegentlich mit seiner Herde über die Hänge oberhalb von Todtnau. Während des ganzen Jahres ist er mit seinen rund 700 Schafen unterwegs, in den Sommermonaten in der Region zwischen Wiesental, Feldberg und Hotzenwald, im Winter in der Rheinebene. Geburten in seiner Schafherde sind für ihn etwas Alltägliches.

Schönenbachtal und Bergdorf Todtnauberg
Vom 1025 m hoch gelegenen Hasenhorn-Gasthaus aus, mit der Sesselbahn von der Talstation aus in 9,5 Minuten bequem erreichbar, hat man einen herrlichen Blick auf die Todtnauer Stadtteile Aftersteg und Muggenbrunn im Schönenbachtal und das Bergdorf Todtnauberg.

Silberdorf Todtnauberg
Im Wappen von Todtnau, 1025 erstmals urkundlich als „Totenouua" erwähnt, ist ein schreitender Bergmann dargestellt. Während vieler Jahrhunderte zählte die Todtnauer Region zu den wichtigsten Bergbaurevieren im Schwarzwald. Von grosser Bedeutung war der Silberabbau, der sich vor allem auf „Totnow uff dem berg" konzentrierte. Bereits im Hochmittelalter wurden oberhalb des Wasserfalls Erzmühlen betrieben.

Ein Lämmchen erblickte soeben am Hasenhorn das Licht der Welt. Von der Mutter liebevoll umsorgt, wird es in wenigen Minuten mit der Schafherde in Richtung Feldberg aufbrechen.
This newly born lamb at the Hasenhorn, tenderly looked after by its mother, will presently be able to walk along with the flock.

Das kühle Gebirgswasser, das auf einer Länge von rund 100 m tosend über mächtige Felsen hinabstürzt, stammt vom Stübenbach. Dessen Quellgebiet liegt auf dem 1386 m hohen Stübenwasen, der höchsten Erhebung auf Todtnauer Stadtgebiet.

The chilly mountain waters of the Stübenbach, rising from the highest point of the Todnau region and cascading 100m downwards over prominent rocks.

Vielleicht haben die dynamischen Wasser-, Licht- und Farbenspiele auch Martin Heidegger (1889 – 1976), den grossen deutschen Philosophen, bei seinen Spaziergängen in Todtnauberg zum Denken inspiriert. Während vieler Jahrzehnte wohnte er im Ortsteil Rütte.

The forms, colours and dynamics of such multifarious waterworks and light reflexes might even have inspired Martin Heidegger, the great German philosopher, who wrote many of his works in the remote mountain area of Rütte, where he lived for several decades.

Das Wiedenbachtal
Traditioneller Bergbau in Utzenfeld und Wieden

Die selbständige Gemeinde Utzenfeld liegt am Talausgang des Wiedenbachs, der hier einen breiten Schwemmfächer aufgeschüttet hat, und westlich der steil aufragenden Utzenfluh, einem bekannten Naturschutzgebiet im Landkreis Lörrach. Der um 1300 erstmals urkundlich auftauchende Name „Uzinvelt" soll „Feld des Uzo" bedeuten (→ Wappenbuch).

Bergbau in Utzenfeld
Bereits im Mittelalter wurde in Utzenfeld Bergbau betrieben, vor allem silberhaltiges Bleierz abgebaut. Die im Wappen der Gemeinde dargestellte silberne Zange weist allerdings nicht auf dieses alte Handwerk hin, sondern auf die Heilige Apollonia, die Patronin der Kapelle des Dorfes. Der Legende nach riss man ihr mit einer Zange die Zähne heraus, bevor sie den Märtyrertod erlitt.

Der Name des Ortsteils Königshütte, rund drei Kilometer vom Hauptort in Richtung Wieden entfernt, erinnert noch an den früheren Bergbau. An dieser engen Stelle im Wiedenbachtal gab es im 16. Jh. eine Bergwerkssiedlung mit einer Schmelzanlage und einer bedeutenden „Poche", in der erzhaltiges Gestein mit Hilfe von „Pochstempeln" zerkleinert wurde. Von hier aus kann man über eine Bergstrasse zu dem 1 100 m hoch gelegenen Almgasthaus „Zum Knöpflesbrunnen" gelangen, das ebenfalls zur Gemeinde Utzenfeld gehört. Zwischen dieser und Wieden bestehen seit Jahrhunderten enge Beziehungen, was vor allem in der gemeinsamen Bergbautradition begründet ist. Zusammen betreiben die beiden Gemeinden auch das Besucherbergwerk Finstergrund.

Relikte aus früheren Bergbauzeiten
Beim Wiedener Bergbau, von dem noch gesprochen wird, sorgte der Flussspat-Abbau für neuen Aufschwung. Er setzte 1936 ein, endete aber bereits 1974 nach nicht einmal 40 Jahren. Die Berggewerkschaft Finstergrund hatte ebenfalls 1936 mit dem Abbau und der Aufbereitung von Schwer- und Flussspat begonnen.

Ein an der Nordseite der Hauptstrasse in Utzenfeld gelegenes Industriegebäude – die ehemalige Gesteinsmühle – erinnert noch an diese früheren Zeiten. Bis 1974 bildete das Werk die zentrale Verarbeitungsstelle für Feld- und Flussspäte, die von

Von der Lourdesgrotte aus kann man die Kleine Utzenfluh in einer knappen halben Stunde erreichen.
From the Cave of Lourdes, the Kleine Utzenfluh can be reached in half an hour.

Schwarzwaldhäuser in Geschwend am westlichen Rande des Todtnauer Ferienlandes. Über die Geschichte des „geschwendeten", d. h. gerodeten Gebietes an der Mündung des Prägbaches in die Wiese wird in der neuen Ortschronik von Johann Oertel, Alt-Bürgermeister und früherer Ortsvorsteher, berichtet.
Black Forest houses in Gschwend on the western outskirts of the holiday area of Todtnau. The name of the village refers to the clearing of the land (geschwenden=to clear the land), the history of which can be read in the local chronicle.

Sonntagseinlage der Alphornbläser auf der Kleinen Utzenfluh am 18. Juli 1999. Zum Trio gehören Alt-Bürgermeister Gerhard Wetzel (links), Reinhard Marterer und Egon Corona (rechts). Im Hintergrund taucht bereits die Grosse Utzenfluh auf.

A sunday alpenhorn serenade on the Kleine Utzenfluh (July 18, 1999), the trio consisting of the former mayor Gerhard Wetzel (left), Reinhard Marterer and Egon Corona (right). In the background the Grosse Utzenfluh.

Wieden aus über eine rund fünf Kilometer lange Seilförderbahn hierher transportiert wurden.

Das Naturschutzgebiet Utzenfluh
Günstige Standortfaktoren, vor allem kalkführendes Gestein und einmalige Temperaturverhältnisse, haben im Felsgebiet oberhalb von Utzenfeld eine im ganzen Südschwarzwald einzigartige Naturlandschaft entstehen lassen, welche seit 1940 geschützt ist. Die Kleine Utzenfluh ist sowohl für Botaniker als auch für Zoologen ein wahres Paradies.

Das Bergdorf Wieden
Der Name des im oberen Wiedenbachtal gelegenen Dorfes soll sich nach amtlichen Angaben von der Weide ableiten, worauf auch das Wappen hinweist: Im zweigeteilten Schild ist links ein Weidenzweig, rechts ein goldener Hirsch, das berühmte Wappentier des Klosters St. Blasien, zu sehen.

Einzigartige Berglandschaft
Die Lage des schönen Bergdorfes wurde und wird stets mit höchstem Lob bedacht. So sagte der frühere Oberbürgermeister von Mannheim, der über 40 Jahre lang seine Ferien hier verbrachte: "Wieden liegt da, wo der Schwarzwald am schönsten ist." Und Gerhard Jung, der 1999 verstorbene Heimatdichter aus Zell im Wiesental, meinte: "Wieden liegt in einem der schönsten Seitentäler des Wiesentales" (→ "Wieden – Geschichte eines Schwarzwalddorfes", von Xaver Schwäbl und Siegfried Klingele, 1992).

Im Unterschied zu früheren Zeiten ist das Bergdorf heute durch die Landstrasse 123, die Querverbindung zwischen Wiesen- und Rheintal, leicht zu erreichen. Die gut ausgebaute Strasse führt oberhalb des Dorfes über den 1 035 m hohen Wiedener-Eck-Pass ins Münstertal und weiter zur Rheinebene hinunter, wo Anschlüsse zur Autobahn Basel - Frankfurt bestehen.

Lange Bergbautradition
Der Bergbau in Wieden erfolgte in drei Phasen: Silberbergbau im Mittelalter, neue Aktivitäten zu dessen Wiederbelebung vom 17. Jh. und schliesslich der Flussspat-Bergbau, der direkt nach dem Ersten Weltkrieg einsetzte. Die bewegte Geschichte des Wiedener Bergbaus ist in der Chronik des Bergdorfes (→ Wieden) beschrieben. Das abrupte Ende des Flussspat-Abbaus kam 1974 aus wirtschaftlichen Gründen: In Nordafrika konnte Flussspat, Calciumfluorid also, im Tagebau wesentlich günstiger gefördert werden.

Teile der bisherigen Einrichtungen zur Flussspat-Produktion in Wieden ebenso wie in Utzenfeld fanden neue Käufer. Die Kehrseite der Medaille: Jahrzehnte nach der Stilllegung machen Altlasten aus dem Flussspat-Bergbau auch heute noch der Gemeinde Utzenfeld zu schaffen, insbesondere eine gefährliche Abraumhalde, die abzurutschen droht. Von Zeit zu Zeit erforderliche geotechnische Untersuchungen kosten eine Menge Geld.

Vom alten Industriegebäude zum Reiterhof
Nach Stilllegung der nicht mehr benötigten Gesteinsaufbereitung wurde die Utzenfelder Anlage vom Tiefbau- und Strassenbauunternehmen Winfried Walliser übernommen und fortan als Betonwerk genutzt (→ Landkreis). 1980 erfolgte

Flugaufnahme von Utzenfeld: Rechts oben ist der Pensions- und Reiterhof „Finstergrund" zu sehen, der 1980 aus dem früheren Verarbeitungswerk für Fluss- und Schwerspäte entstanden ist. Südwestlich davon - im Schönauer Aiterfeld - haben verschiedene Unternehmen aus der Region neue Produktionsstätten errichtet, so z. B. die Firma Interbros, einer der weltweit erfolgreichsten Zahnbürsten-Hersteller.

Bird's eye view of Utzenfeld: in the north to the right the holiday residence and horse farm "Finstergrund", which used to be part of a spar processing industry. South west of it, various regional productions have assembled, as for instance Interbros, one of the most successful toothbrush productions of the world.

der Umbau des mehrteiligen Gebäudekomplexes zum Pensions- und Reiterhof „Finstergrund".

Bergmannsverein „Finstergrund" Wieden e.V.
Bereits 1975, ein Jahr nach Stilllegung des Bergbaubetriebes in Wieden, gründeten 22 ehemalige Bergleute (→ Wieden) den Bergmannsverein Finstergrund Wieden. Vorrangiges Ziel war dabei, die Bergbautradition im Wiedenbachtal zu erhalten. Um diese Absicht mit Leben zu erfüllen, sollte einer der ehemaligen Stollen in den Mittelpunkt eines Schaubergwerkes gestellt werden. Mit den praktischen Arbeiten dazu wurde im Frühjahr 1982 begonnen, bereits am 21. August des gleichen Jahres war feierliche Einweihung. Der neue Schaustollen fand von Anfang an bei den Einheimischen, Schulklassen aus der Region und vielen Feriengästen grosses Interesse.

Bergwerk Finstergrund als Besuchermagnet
1998 kamen 12 358 Besucher ins Besucherbergwerk an der Landstrasse zwischen Wieden und Utzenfeld, worauf Gerhard Schäuble, der Vorsitzende des Bergmannsvereins, voller Stolz hinweist. Zu dessen engagierten Gründungsmitgliedern gehörte Helmut Behringer, der 30 Jahre lang im Bergbau tätig war. Das bisherige Ehrenmitglied wurde bei der Barbarafeier 1998 – die Heilige Barbara gilt bei Bergleuten als Schutzpatronin – für seine grossen Verdienste um den Verein und das Besucherbergwerk zum Ehrenvorsitzenden des Bergmannsvereins Wieden ernannt.

Ein pulsierendes Vereinsleben
Wieden hat aber nicht nur einen Bergmannsverein, sondern auch eine inzwischen 75 Jahre alte Bergmannskapelle, die 1999 ihr grosses Jubiläum feierte; ferner Gesang- und Musikvereine, eine Trachtengruppe, die Bergwacht, den Tauziehclub, den Kur- und Verkehrsverein, eine Freiwillige Feuerwehr, und zu allem noch einen tüchtigen Bürgermeister, der in vielen Vereinen aktiv mitwirkt, wie sich das im schönen Bergdorf gehört.

Im Herbst 1999 wurde mit 98 Prozent der Stimmen Berthold Klingele – bei einer Wahlbeteiligung von 75 Prozent – von den Wiedenern als Bürgermeister in seinem Amt bestätigt. Er war auch beim Tauziehplausch gegen die Böllener Bundesliga-Aktiven mit von der Partie.

Gruppenfoto des Bergmannsvereins Finstergrund vor dem Stolleneingang im Januar 1999.
The members of the miner's organization of Finstergrund in front of the gallery entry in January 1999.

Gang durch den Stollen unter fachkundiger Leitung von Paul Behringer (in weisser Arbeitskleidung, mit dem Rücken zur Kamera), der früher zwölf Jahre lang im Wiedener Bergbau tätig war. Seit 1991 ist er der Vorsitzende des Kur- und Verkehrsvereins.

Paul Behringer (in the white working clothes, with his back to the camera), who has formerly worked in the mines of Wieden for 12 years, is showing a party around in a gallery. Since 1991, he has been president of the local organization of tourism and traffic.

Sitzend von links / Sitting down, from the left: Anna-Maria Schäuble, Gerhard Schäuble, Vorsitzender, Waltraud Brenzinger, Helmut Behringer, Ehrenvorsitzender, Alexandra Wietzel.

Stehend von links / standing, from the left: Heinz Knurr, Karl Disch (mit der Vereinsfahne), Ludwig Bauer, Martin Wietzel, Christian Weidner, Rudolf Anderka, Bernhard Thoma, Arthur Savoy, Paul Behringer, Wolfgang Bosch, Peter Wietzel (mit Kindern).

75 Jahre Bergmannskapelle Wieden

Grosser Geburtstag der Bergmannskapelle Wieden: Vom 16. – 19. Juli 1999 feierte das ganze Schwarzwalddorf zusammen mit vielen Besucherinnen und Besuchern das 75-jährige Bestehen dieses weithin bekannten Musikvereins, dessen Geschichte 1924 wenig spektakulär begonnen hatte. Ein paar Männern aus Wieden, die sich für Musik begeisterten, wurden im Nachbardorf Utzenfeld für 210 Goldmark acht gebrauchte Instrumente angeboten, ein Utzenfelder Dirigent kam hinzu, und schon bald folgten erste gemeinsame Proben. Seither ist viel Wasser den Wiedenbach hinabgeflossen.

Bis 1967, 43 Jahre lang, hatte Alfred Klingele die von ihm gegründete Bergmannskapelle dirigiert. Seit Jahren bereits besteht der Verein aus drei respektablen Abteilungen, die mit stolzen Zahlen aufwarten können: 1992, als Wieden das 650-jährige Dorfjubiläum feierte und zu diesem Anlass die neue Dorfchronik herausgegeben wurde, gehörten zur Bergmannskapelle 50 aktive Musikerinnen und Musiker, zur Jugendkapelle 39, zu den Finstergrundmusikanten 19. Insgesamt musizierten 1992 im Verein, wie in der Chronik voller Stolz berichtet wird, 75 Personen im Alter zwischen 10 und 75 Jahren, was immerhin 14 Prozent der Dorfbevölkerung ausmacht.

Festumzug anlässlich des Jubiläums

Höhepunkt der viertägigen Geburtstagsfeierlichkeiten der Bergmannskapelle Wieden anlässlich ihres 75jährigen Bestehens war der am Sonntag, 18. Juli 1999, bei prächtigem Hochsommerwetter stattfindende Festumzug. Im oberen Teil des Dorfes hatten sich über zwanzig Vereine und Gruppen mit rund 500 Aktiven versammelt, um daran mitzuwirken.

Die Bergmannskapelle an der Spitze des Jubiläumsumzuges: Für ihre zünftige Marschmusik erhielt sie von den Besuchern viel Applaus.
The miner's band leading the procession with their hearty march music.

Die Wiedener Bergmannskapelle mit rund 60 Aktiven kurz vor dem grossen Festumzug.
The miner's band of Wieden with roughly 60 active members, ready for their great anniversary procession (75 years).

Allerlei Lustiges beim Festumzug

Mit von der Partie beim grossen Fest- und Brauchtumsumzug waren auch die Bugginger Bergmannskapelle und der Bergmannsverein, ferner die Musikvereine von Utzenfeld und Todtnauberg, eine originelle Musikgruppe aus dem schweizerischen Trimmis sowie eine aus Hochscheid an der Mosel. Viel Applaus von den zahlreichen Zuschauern erhielten die mitwirkenden Wiedener Vereine, zu denen der Bergmannsverein, die Landfrauen, die Bergwacht, der Ski-Club, der Kirchenchor, der Männergesangverein, Bergbauern und Holzhauer gehörten.

Vom Bergbau zur Köhlerei

Mit dem Bergbau kam im Mittelalter auch die Köhlerei in den Schwarzwald. Um die von den Bergknappen abgebauten Erze weiterverarbeiten zu können, wurden grosse Mengen an Holzkohle benötigt. Durch spezielle Schmelzverfahren wurden die Metalle – vor allem das begehrte Silber – von dem unbrauchbaren Begleitgestein abgetrennt. Mit dem Niedergang des Bergbaus im 16. Jh. verloren auch die vielen Köhler, die sich in den umliegenden Wäldern eine zwar harte, doch halbwegs lebenssichernde Existenz aufgebaut hatten, ihre Arbeit.

Aufschwung durch die Industrialisierung

Viele der im 19. Jh. entstandenen Industriebetriebe, die in der Umgebung wie Pilze aus dem Boden schossen, benötigten Holzkohle. Um dem steigenden Bedarf entsprechen zu können, rauchten bald wieder in vielen Schwarzwaldtälern der Belchenregion die Kohlenmeiler. Die Köhler hatten erneut alle Hände voll zu tun. Der erste „Kohlenbrenner", wie er damals noch hiess, soll in Wieden Trudpert Steiger gewesen sein, der 1826 starb.

Mathis, der Köhler und Bergmann

Erkundigt man sich heute im Dorf nach der Köhlerei, so hört man rasch den Namen der Familie Wunderle. Stammvater des Wiedener Köhlergeschlechts war Kajetan Wunderle, der 1903 erstmals offiziell als Köhler bezeichnet wurde (→ Wieden). Auch Matthias Wunderle, der das Handwerk vom Vater gelernt hatte, betrieb die Köhlerei während vieler Jahre mit grossem Einsatz, wobei die ganze Familie mitanpacken musste, denn Köhlerei bedeutete stets echte Knochenarbeit. War der Meiler einmal angezündet, dann blieb Kontrolle rund um die Uhr, auch bei Nacht und am Wochenende, unerlässlich.

Spuren früherer Kohlenmeiler

Noch heute lassen sich auf der Wiedener Gemarkung zehn ehemalige Kohlenmeilerplätze nachweisen. Weil für das Löschen der Meiler viel Wasser benötigt wurde, befanden sich diese stets in der Nähe von Bächen. Matthias Wunderle erinnert sich, dass Wiedener Holzkohle an zahlreiche Wiesentäler Betriebe ging, z. B. zu Zahoransky nach Todtnau. Sogar in die Schweiz wurde geliefert. „Bügelkohle" war in vielen Geschäften besonders gefragt. Sie bestand aus ausgesuchten kleinen Kohlestücken, die zum Aufheizen der damaligen Bügeleisen dienten. Gegen Kriegsende, als Benzin und Diesel Mangelware wurde und schliesslich ganz fehlten, tauchten auf den Strassen immer häufiger „Holzvergaser" auf, die auf Holzkohle angewiesen waren.

Mitglieder der 1956 gegründeten Trachtengruppe Wieden. Trachten haben im Schwarzwalddorf eine lange Tradition.

The traditional costumes have a long history in the Black Forest village of Wieden.

Eine attraktive Dame des Ski-Clubs Wieden beim Festumzug. Die Ortsgruppe Wieden des Skiclubs Schwarzwald wurde bereits 1907 im Gasthaus Wiedener Eck gegründet.

In spite of the summer temperatures, the traditional Black Forest ski club (founded in 1907) was splendidly represented in the procession.

Matthias Wunderle im Sommer 1999 bei der „Bergheuet" im Graben. „Mathis", wie ihn die alten Kumpels vom Bergwerk und die Nachbarn nennen, war früher ein richtiger Köhler, wie ihn viele nur noch aus den Märchen und Sagen kennen.

Matthias Wunderle, who is making hay on the mountains here, used to be a genuine charcoal burner – an old trade many of us know only from fairy tales and legends today.

Ein zweites Wiedener Köhlergeschlecht

Die Familie Franz „vom Eckle" produzierte ebenfalls Holzkohle im Meiler, und zwar bis zum Jahr 1939. Die Tochter dieses Köhlers, Hermine Karle, eine geborene Franz, berichtet darüber in der Wiedener Dorfchronik:

„Oberhalb des Gasthauses „zum Kranz", also dort, wo heute das Milchhäusle steht, hatten mein Vater und meine Brüder immer einen Kohlenmeiler. Alle mussten bei diesem Geschäft mithelfen. Zuerst stand der Meiler im Holz, dann im Ries (Reisig) und schliesslich wurde er angezündet. Ständig, auch bei Nacht, musste er kontrolliert werden. Auf keinen Fall durften Flammen aus dem Meiler kommen.
Der höchste Tag war, wenn der Kohlenmeiler auseinander genommen wurde. Da waren alle Familienmitglieder beschäftigt; und am Abend waren alle kohlschwarz. ..."

Abstecher zum Köhler im Münstertal

Wenn man einmal einen richtigen Kohlenmeiler in Betrieb sehen möchte, so lohnt sich ein Besuch bei Siegfried Riesterer in Untermünstertal allemal. Der Holzfäller und Waldfacharbeiter ist zwar von der Gemeinde Münstertal angestellt, doch die „Köhlerei" hat damit, wie Ehefrau Kriemhild sofort klarstellt, nichts zu tun. Denn die Riesterers verkaufen die Holzkohle in eigener Regie. Die Gemeinde Münstertal ist stolz auf ihren Köhler, und die Touristen freuen sich über diese Attraktion. Weil an Ostern die ersten Fremden im Dorf eintreffen, wird meist in der Karwoche der Meiler angezündet.

Eine Rarität im Südschwarzwald, die zu besuchen sich lohnt: Der Kohlenmeiler von Siegfried Riesterer in Untermünstertal mit seinen unbeschreiblichen Gerüchen und Geräuschen.

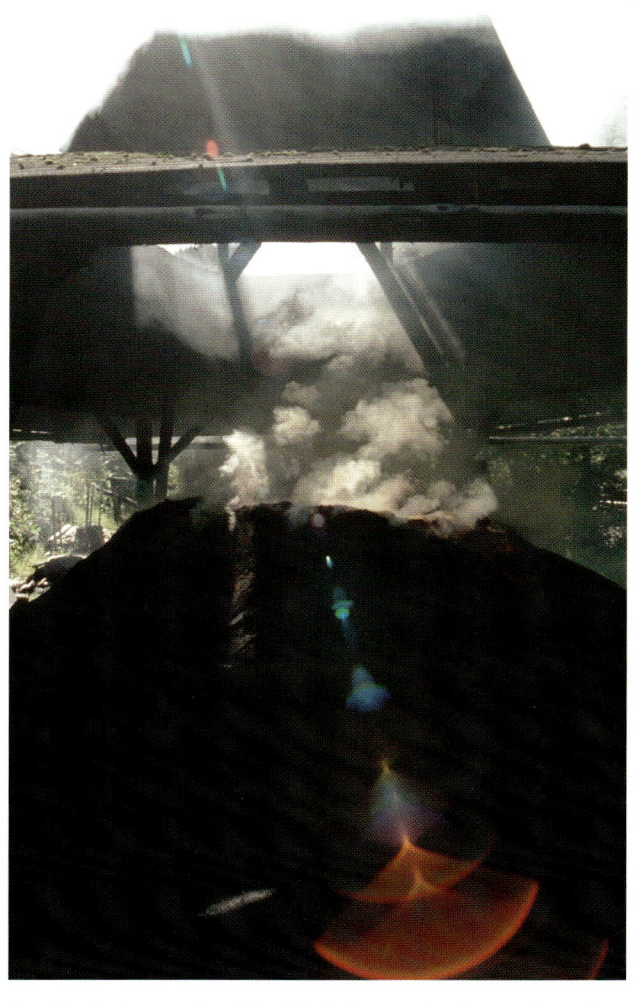

A rarity in the south of the Black Forest that is worth seeing: Siegfried Riesterer's chaircoal kiln in the Münster valley with its unique and undescribable smells and sounds.

Insiderwissen zur Holzkohlenherstellung

„Hier läuft die Kohle nicht vom Band,
hier schafft man noch mit Herz und Hand."
So heisst es auf einer Schrifttafel beim Kohlenmeiler der Riesterers. Weiter kann man folgendes lesen:
„Zur Herstellung von Holzkohle wichtig ist Schicht- oder Scheitholz insbesondere von Buchen, das zu einem Meiler von mehreren Metern Durchmesser und etwa drei Meter Höhe aufgesetzt wird. Zur Abdeckung des Meilers verwendet man Rasen und Erde, in die zur Steuerung des Verkohlungsvorganges Luftlöcher gestossen werden. Während des 16-18 Tage dauernden Brandes muss der Meiler Tag und Nacht beaufsichtigt werden. In dieser Zeit entweichen aus dem Holz die leichtflüchtigen Bestandteile wie Holzgeist, Holzteer u. a., und es entsteht die Holzkohle, die gegenüber dem trockenen Holz einen erheblich höheren Heizwert hat und vor allem rauchlos verbrennt. Sie war in früheren Jahrhunderten unentbehrlich zur Erzeugung hoher Temperaturen, z. B. beim Schmelzen von Metallen aus Erz, bei der Herstellung von Glas und bei der Verarbeitung von Eisen." (Zitatende)

Der Mann mit dem Schlapphut

Bereits 1975 hat Siegfried Riesterer als Köhler begonnen. Sein über 20 Jahre alter Hut gehört inzwischen ebenso zu ihm wie seine Giesskanne, denn von Zeit zu Zeit, meist alle drei Stunden, muss der Meiler mit Wasser begossen werden, damit kein Brand entsteht, was 1985 tatsächlich einmal passierte. Kleine Explosionen sind dagegen häufig.

Siegfried Riesterer ist stolz darauf, einer von höchstens fünf Köhlern in der Bundesrepublik zu sein. Wie er betont, ist sein Kohlenmeiler auch der einzige, der pagodenartig überdeckt ist. Dass er vor Nachahmern keine Angst hat, glaubt man ihm sofort, denn „Kohle kann man mit den Kohlen sowieso nicht machen."

Eine Waldszene, die an Goethes Faust oder an den Freischütz erinnert: Wie ein Geist schwebt Siegfried Riesterer, der Köhler vom Münstertal, auf seinem pagodenartig überdachten Kohlenmeiler, der zu den Attraktionen des Südschwarzwaldes zählt.

As it were, a forest scene with a Faustian touch: like an eerie apparition, the carchoal burner of the Münster valley hovers on his charcoal pile, the roof of which recalls a pagoda and is one of the most popular attractions of the southern Black Forest.

Aitern
Im Belchenland

Das Wappen dieser selbständigen Gemeinde enthält zwei wesentliche Elemente: einen blauen Wellenschrägbalken, der sich auf die geographische Lage am Aiternbach bezieht, und zwei Bergmannseisen, Hämmer also, die auf den früheren Silberbergbau am Ort hinweisen. Der Name Aitern dürfte von dem keltischen Wort „aitara" abgeleitet sein, was „fliessendes Gewässer" bedeutet (→ Landkreis). Die Gemarkung deckt sich weitgehend mit dem Einzugsgebiet des Aiternbaches, der zwischen Utzenfeld und Schönenbuchen in die Wiese mündet. Lediglich im Nordosten, in der Region von Rollsbach, greift die Gemarkung in das Einzugsgebiet des Wiedenbachs über. Die Gemeinde Aitern besteht aus dem gleichnamigen Hauptort, den Weilern Holzinshaus und Multen sowie den Höfen Ober- und Unterrollsbach.

Ein funktionierender Gemeindeverband
Am 10. Oktober 1999 feierte die Bevölkerung der Gemeinde Aitern ihren wiedergewählten Bürgermeister Richard Renz. Er erhielt bei einer Wahlbeteiligung von 68 Prozent eindrucksvolle 83,4 Prozent der Stimmen. Als die Wahlergebnisse vorlagen, wurde die Rathausglocke geläutet, von der Feuerwehr ein stattlicher Maibaum aufgestellt und dem Grundsatz von Johann Peter Hebel gefolgt: „De muesch deno ne Maie ha!" Schnell kamen auch die Bürgermeisterkollegen der Nachbargemeinden zur Gratulationsrunde. Schliesslich gehört Aitern zum 1971 entstandenen und bestens funktionierenden Gemeindeverwaltungsverband Schönau, dessen stellvertretender Vorsitzender Richard Renz ist.

Rollsbach, eine liebenswerte Weilersiedlung
Dieser Ortsteil von Aitern hat seinen ursprünglichen Charakter als Weilersiedlung weitgehend erhalten. Nicht nur die einzigartige Berglandschaft, auch mehrere stattliche Schwarzwaldhöfe rechtfertigen einen Abstecher hierher. Kunstinteressierte dürften vor allem an der kleinen Regina-Pacis-Kapelle in Unterrollsbach, die 1952 fertiggestellt wurde, ihre Freude haben.

Das Belchenland als Ferienregion
Das Feriengebiet mit dem Belchen als Mittel- und Höhepunkt stellt einen attraktiven und weithin bekannten Naturraum dar, zu dem eine einzigartige natürliche Vielfalt gehört. Um es zu schützen und zu erhalten, muss auch der Tourismus umweltverträglich sein, wie es in dem neuen Leitbild heisst. Dazu haben sich die Bürgerinnen und Bürger aus Aitern, Böllen, Fröhnd, Schönau, Schönenberg, Tunau, Utzenfeld und Wembach verpflichtet. Zur Umsetzung dieses Leitbildes wurde die Belchenland Tourismus GmbH gegründet, die sich aus den genannten acht Gemeinden sowie privaten Gesellschaftern zusammensetzt.

Die 1952 erbaute Regina-Pacis-Kapelle in Niederrollsbach.
The tiny Regina Pacis chapel in Niederrollsbach, built in 1952.

Wandgemälde von Gerhard Bassler über dem Altar in der Kapelle. Es zeigt die Madonna mit Kind vor der Rollsbacher Landschaft.
The mural above the altar of the chapel by Gerhard Bassler shows a madonna with child in the landscape of Rollsbach.

Die Kernstadt von Schönau im Schwarzwald, die von der mächtigen katholischen Pfarrkirche Mariä Himmelfahrt mit ihrem hohen und spitzen Turmhelm dominiert wird. Nahe bei der Kirche befindet sich auch das schöne Rathaus.

The inner city of Schönau in the Black Forest is set apart by its magnificent catholic church and the stately town hall nearby. The precincts Brand and Schönenbuchen, which used to be a place of pilgrimage, are farther off the city centre.

Gutedel-Spende von Dr. M. Sladek, Arzt und Vordenker der „Stromrebellen" (vorne links) beim Einweihungsfest der „Schönauer Schöpfungsfenster": Mit von der Partie waren Bürgermeister Bernhard Seger (vorne rechts) und die Bundestagsabgeordnete Dorothea Störr-Ritter (2. vr).

Local prominence in Schönau, attending the inauguration of the new solar cell installation on the roof of the church dedicated to the Creation story. The festivities include the tapping of a great barrel of Gutedel, a lively white wine that is typical for this region.

Die Stadt Schönau im Schwarzwald

Vom 12. Jh. an konnte das Kloster St. Blasien im Oberen Wiesental viel Besitz erwerben. Zur Verwaltung seiner Güter und mit Blick auf die zunehmende Bedeutung des Bergbaus richtete es ein eigenes Amt Schönau ein, dem auch die Talvogteien Schönau und Todtnau untergeordnet waren. Im Wappen sind die geschichtlichen Zusammenhänge auf einen Blick zu erkennen: Das Bindenschild weist auf die frühere Zugehörigkeit zu Vorderösterreich, der steigende goldene Hirsch auf das Kloster St. Blasien hin. (→ Wappenbuch)

Die Auswirkungen auf die konfessionelle Gliederung waren deutlich: Noch beim Übergang an Baden wies Schönau eine fast ausschliesslich katholische Bevölkerung auf.

Aufstrebende Industriefirmen
Nach dem Niedergang der Textilindustrie geht es in Schönau mit seinen 2 500 Einwohnerinnen und Einwohnern seit Jahren wieder aufwärts. Dazu ein Beispiel stellvertretend für viele andere: Der Gewerbepark auf dem alten Irisette-Gelände hat inzwischen Gestalt angenommen, neue Firmen sind eingezogen. Auf dem Schönauer Aiterfeld östlich von Schönenbuchen sind moderne Produktionsfirmen entstanden. Zuversicht für weiteren Aufschwung ist also angesagt.

„Badische Revolution" als Neuauflage
Schönauer Stromthemen sorgten in den Jahren 1998/99 für reichlich Schlagzeilen. Neue Begriffe wie z. B. „Stromrebellen", „Störfall Schönau", die Aktion „Watt Ihr Volt aus Schönau – Invest-Strom für eine atomfreie Zukunft" und „Schönauer Solar-Revolution" machten die Runde und sorgten für einen hohen Bekanntheitsgrad des kleinen Schwarzwaldstädtchens, nicht nur in der Bundesrepublik, sondern auch im Ausland. Als im Oktober 1999 der „Nuclear-Free Future Award" in Kalifornien vergeben wurde, waren die „Schönauer Stromrebellen" unter den Ausgezeichneten.

Die Solaranlage auf dem Dach der evangelischen Bergkirche ist installiert, die Schöpfungsfenster sind geöffnet. Demnächst wird am Ortseingang der Stadt ein Schild auf „Schönau - Solarhauptstadt in Deutschland" hinweisen.

The solar cell construction on the roof of the protestant church is finished – soon there will be a signpost near the city entrance pointing out the importance of Schönau as "Germany's Solar Capital".

Die Schönauer Vereine begleiteten das Fest mit einem bunten Rahmenprogramm aus Männerchorgesang, Blas- und Guggenmusik. Die Stimmung hätte nicht besser sein können.

The Schönau organizations provide a rich and varied musical framework for the ceremony, doing their best to keep everybody happy.

Wembach
Am Ausgang des Böllenbachtals

Wie seine Nachbarorte Schönenberg, Böllen, Fröhnd und Tunau ist Wembach eine zwar kleine, doch selbständig gebliebene Gemeinde. Das Dorf wurde 1352 erstmals urkundlich als „Wenwag" erwähnt, wobei die Deutung dieses Namens umstritten ist (→ Wappenbuch).

Günstige geografische Lage
Das Dorf liegt an jener Stelle, wo der Böllenbach in die Wiese mündet. Darauf weist auch die durchgehende blaue Wellendeichsel im Wappen der Gemeinde hin. Etwa 1,5 Kilometer westlich des Kerndorfes liegt der Weiler Schindeln.

Neues Industrie- und Gewerbegebiet
Im östlichen Teil der Gemeinde ist in der Talebene der Wiese nicht nur eine neue Wohnzone entstanden, sondern auch ein bedeutendes Industrie- und Gewerbegebiet. Direkt neben den modernen Bauten der Hella Innenleuchten-Systeme GmbH, mit ihren rund 750 Beschäftigten heute der grösste Arbeitgeber im Oberen Wiesental, befindet sich das neue Rathaus der Gemeinde.

Die meisten Verwaltungsaufgaben werden von dem seit 1971 bestehenden Gemeindeverwaltungsverband Schönau erledigt, welcher bereits

„Segers Huus", wie die Einheimischen zum schönen Schwarzwaldhof aus dem 16. Jh. sagen, steht unter Denkmalschutz. The plaque announces that this Black Forest farmhouse of the 16th century has been put under a preservation order.

Die Gemeinde Wembach liegt an der Abzweigung der heutigen Landstrasse 131, die über Böllen nach Neuenweg führt. Im Bereich dieser verkehrstechnisch günstig gelegenen Stelle in der Talebene der Wiese ist ein grosszügiges Neubaugebiet entstanden, das von den modernen Industriebauten der Hella Innenleuchten-Systeme GmbH dominiert wird.

In the area of Wembach, which profits from a good traffic situation on the valley bottom of the river Wiese, a widespread new district has emerged, dominated by the modern industry buildings of Hella light systems. Today, this firm is the largest employer of the upper Wiese valley with roughly 750 employees.

in Zusammenhang mit der Gemeinde Aitern erwähnt wurde. Ausser dem ehrenamtlichen Bürgermeister gehören dem Wembacher Gemeinderat acht Mitglieder an.

Zwar katholisch, doch ohne eigene Kirche
Bis etwa 1870 bestand die Bevölkerung ausschliesslich aus Katholiken. Doch eine Kirche sucht man im heutigen Wembach vergebens, was mit der früher herrschenden Armut der Bevölkerung zusammenhängt. Während langer Zeit konnten sich die Leute im Dorf nicht einmal einen Schulmeister leisten. Als sie schliesslich einen bekommen hatten, soll dieser so schlecht bezahlt gewesen sein, dass er sich – zumindest bis 1704 - nach dem Unterricht als Ziegenhirte verdingen musste, um überhaupt leben zu können. Es ist alte Tradition der Wembacher Katholiken, der Kirchengemeinde Schönau anzugehören und dort auch zur Kirche zu gehen.

Schöne Schwarzwaldhöfe
Der alte Dorfbereich von Wembach zieht sich mit einigen bemerkenswerten Anwesen der Hauptstrasse entlang. An dieser Stelle im Ortszentrum sind ein paar schöne Schwarzwaldhöfe zu bewundern, zu denen auch das denkmalgeschützte Haus der Familie Seger „mit Hurte und Rauchküche" gehört, das bereits im Kapitel „Ein gutes Stück Südschwarzwald" vorgestellt wurde.

Ein Wembacher Original
Im hinteren Teil vom bekannten „Seger Huus" lebt seit vielen Jahrzehnten Rosa Böhler, ein echtes Wembacher Original, zusammen mit einer Ziege in einer Art Wohngemeinschaft. Die 86-jährige Frau verbringt viele Stunden täglich am Fenster damit, sich über das Dorfleben aktuell zu informieren.

Wenn Bürgermeister Robert Goldmann sie gelegentlich in ihrem bescheidenen Heim besucht, kann es schon einmal vorkommen, dass Themen der Dorfpolitik kritisch hinterfragt werden. Ihre persönliche Meinung hält sie nicht zurück, wenn kommunale Entscheide ihr Missfallen finden. Auch macht es Rosa Böhler noch immer eine Menge Spass, „denen im Rathaus ab und zu die Leviten zu lesen".

Wegweiser auf der Passhöhe des Böllenbachtals oberhalb von Böllen, der kleinsten selbständigen Gemeinde Baden-Württembergs.
Signpost on the pass above Böllen, the smallest independent district of Baden-Württemberg.

Winterimpressionen auf der Sonnenseite dieses schönen Wembacher Schwarzwaldhofes.
Winter ambience on the sunny side of this handsome farmhouse in Wembach.

Nicht nur ihre Ziege meckert von Zeit zu Zeit. Auch Rosa Böhler, die zu den Ältesten im Dorf zählt, hält sich nicht zurück, wenn ihr etwas an der Rathauspolitik missfällt.
Her goat bleats to get attention – and likewise Rosa Böhler never keeps down her voice if she does not agree with the political decisions taken in the town hall.

Fröhnd
Das doppelte Golddorf

Das Wappen der selbständigen Gemeinde spiegelt die ehemaligen Herrschaftsverhältnisse wider: Der goldene Kelch mit Deckel steht für die Ära der Herren von Staufen, der „zum Sprung gerichtete" goldene Hirsch für jene der Abtei St. Blasien.

Die wichtige Rolle des Klosters St. Blasien
Das Kloster war nicht nur Grund- und Leibherr der Fröhnd, sondern seit 1260, als es die Fröhnd mit Vogteirechten erwarb, auch oberster Gerichtsherr. In dem Vogteibereichsvertrag von 1356 zwischen dem Kloster St. Blasien und Österreich wurden diese „Vogteigerechtsame" nicht angetastet, und dies trotz des Eintritts St. Blasiens in die Schutzvogtei Habsburg. So blieb die Fröhnd bis 1806 unmittelbares Klosterland des fürstlichen Stifts St. Blasien (→ Kreischronik und Wappenbuch).
Der Name der Gemeinde leitet sich vom mittelhochdeutschen „vroende" ab, was „frondienstiges Land" bzw „Fronarbeit" bedeutet (→ Wappenbuch).

Ein Dorf ohne seinesgleichen
Was das Siedlungsbild von Fröhnd anbelangt, so gibt es im ganzen Schwarzwald nichts Vergleichbares: Die Gemeinde besteht aus acht etwa gleichrangigen Weilern, zwei Hofgruppen und einem Einzelhof, die gleichmässig über das Gemeindeareal verteilt sind (→ Landkreis). Das Tal der Wiese und insbesondere die verkehrsreiche Bundesstrasse 317 durchschneiden heute das Gebiet etwa in der Mitte. Auf diese Weise ist eine „rechte" und eine „linke Fröhnd" entstanden.

Kurzporträt der Gemeinde
Die „Wohlfühlgemeinde Fröhnd" hat heute 490 Einwohner und 11 Vereine. Das 1620 Hektar grosse Gemeindegebiet umfasst die folgenden Gemarkungen: Fröhnd mit Hinterholz, Hof, Ittenschwand, Kastel, Kastler, Künabergermühle, Künaburg, Niederhepschingen, Oberhepschingen, Stutz und Vorderholz. Vielleicht muss man Bürgermeister sein, um diese doch recht komplexen Zusammenhänge in Fröhnd richtig zu verstehen.

Doppelte Auszeichnung für Fröhnd als einem der schönsten Dörfer Baden-Württembergs und der Bundesrepublik Deutschland. Stolz präsentieren Bürgermeister Albert Kiefer sowie das Ehepaar Anja und Bernhard Stiegeler vor deren Bauernhaus im Ortsteil Künaberg die verliehenen Goldmedaillen.

Die Kasteler Brücke
Zu den Fröhnder Raritäten gehört sicher die Kasteler Brücke, die mit Fug und Recht zu den Baudenkmälern des Landkreises Lörrach zu zählen ist. Noch in den 70er Jahren stand das architektonisch einzigartige Viadukt, das auf der Rückseite dieses Bildbandes abgebildet ist, wegen Baufäl-

Assisted by a couple in traditional costume, mayor Albert Kiefer of Fröhnd proudly presents the two gold medals his village has just won: Fröhnd has been pronounced one of the most beautiful villages of Baden-Württemberg and, what's more, of Germany at large.

ligkeit auf der Abbruchliste. Doch die vielen Einsprüche waren erfolgreich, die die Wiese überspannende Brücke wurde 1981 vollständig saniert und präsentiert sich heute wieder in ihrer ganzen Schönheit.

Die alte Klopfsäge
Die in Fröhnd reichlich vorhandene Wasserkraft wurde auch zum Antrieb von Sägewerken genutzt, von denen die alte Klopfsäge an ihrem angestammten Ort geblieben ist. Hier wird noch immer Holz aus dem eigenen Gemeindewald gesägt. Viele Besucherinnen und Besucher kommen von weither, um diese Attraktion in der „linken Fröhnd" zu bestaunen.

Der Tunnel bei der Kasteler Brücke
Ein Überbleibsel aus den alten „Todtnauerli-Zeiten" wurde bereits erwähnt: der Tunnel in der Nähe der früheren Station „Kasteler Brücke". Nachdem auf der alten Trasse der Schmalspurbahn ein Wanderweg entstanden ist, kann man das an dieser Stelle so besonders reizvolle Tal der Wiese frohen Herzens durchwandern.

Die alte Klopfsäge – oder wie es in einem schönen alemannischen Gedicht von 1967 heisst – „d'Chlopfsägi" - ist ein anschauliches Zeugnis uralter Handwerkskunst. Beinahe wäre sie dem Strassenbau geopfert worden, wenn sich nicht engagierte Bürger für ihre Erhaltung und gründliche Restauration eingesetzt hätten.

This old sawmill, a testimony to the old regional tradition of craftsmen, has been saved from demolition and restored thanks to a local initiative.

Blick auf die einmalige Berglandschaft in der „linken Fröhnd" beim Holzer Kreuz, wo sich auch eine schöne Kapelle und ein beliebtes Gasthaus befinden.

A lovely stretch of hilly country in the „left Fröhnd".

Fröhnd als schönste Gemeinde
1998 wurde die „Fröhnd im Belchenland" Landessieger im Wettbewerb „Unser Dorf soll schöner werden". Jahrelange Anstrengungen, ein 1992 entstandenes Entwicklungskonzept umzusetzen, wurden so eindrucksvoll belohnt. Wie Albert Kiefer, der engagierte Bürgermeister der Gemeinde, betonte, standen dabei die Bildung von Dorfmittelpunkten in den Ortsteilen, der Erhalt alter Bausubstanz sowie der Kulturlandschaft und die Landschaftspflege im Vordergrund. Viele Besucher, zahlreiche Prominente, Radio und Fernsehen kamen nach dieser ersten Auszeichnung in die Fröhnd.

Beim anschliessenden Bundeswettbewerb, an dem 41 Gemeinden teilnahmen, erhielten 14 eine Goldmedaille, darunter auch Fröhnd. Im Januar 1999 durfte der stolze Bürgermeister im Berliner Kongresszentrum die zweite Auszeichnung entgegennehmen. Die Fröhnd, bisher eher ein Geheimtip für Kenner, ist damit zum weithin bekannten Golddorf aufgestiegen.

Zell im Wiesental
Das Zeller Bergland

Die Gründung von Zell durch die Abtei Säckingen erfolgte um das Jahr 1000. Der Name leitet sich vom lateinischen „cella" ab, womit die „Kammer eines Mönchs" oder „Klause eines Einsiedlers" bezeichnet wurde (→ Wappenbuch). Weil es früher viele derartige Klausen gab, existieren heute zahlreiche Gemeinden dieses Namens in der Bundesrepublik, in der Schweiz und in Österreich. Wegen der Häufigkeit dieses Ortsnamens ist der Zusatz „im Wiesental" unverzichtbar.

Das Zeller Wappen
Das Wappen von Zell im Wiesental enthält vor rotem Hintergrund einen, mit vier blauen Wellenfäden belegten, silbernen Balken: Die Wellenfäden symbolisieren die Grosse Wiese, der silberne Balken entspricht dem österreichischen Bindenschild, repräsentiert also die einstige Landesherrschaft.

Ortsteile der Stadt Zell im Wiesental
Fährt man nach der Fröhnd die Bundesstrasse 317 talabwärts, so beginnt bereits in Mambach die Stadt Zell im Wiesental, wie man auf dem Ortsschild lesen kann. Diese Gemeinde wurde – ebenso wie Atzenbach und Pfaffenberg – am 1. Januar 1975 als Ortsteil eingegliedert. Ihnen vorangegangen waren bereits Riedichen (1972), Adelsberg und Gresgen (1974).

Die jugendliche Wiese oberhalb von Atzenbach. Im Hintergrund ist die auf dem Mambacher Köpfle gelegene Bergkapelle Maria Frieden zu sehen, das Wahrzeichen des an dieser Stelle sehr engen Talabschnitts. Und so lautet die Botschaft dieser Kapelle: Niemals, niemals wieder darf Krieg sein!

The young river Wiese above Atzenbach. The chapel Maria Frieden on the hill in the background was erected in 1946 as an anti-war memorial.

Das Altarbild in der Kapelle stammt vom Freiburger Hans Franke. Es zeigt die „Muttergottes vom Wiesental", die auf einem über dieser herrlichen Landschaft stehenden Regenbogen thront.
The altar-piece of the chapel, showing the "Wiesental Madonna" on a rainbow over the gentle hills of the region, was painted by Hans Franke of Freiburg.

Der Ortsteil Mambach
In Mambach mündet der Angenbach in die Wiese. Im Oktober 1999 feierte dort das älteste Wasserkraftwerk im Wiesental 100-jähriges Jubiläum. Bei Kastel abgeleitetes Wasser wird über einen fast vier Kilometer langen Stollen auf zwar alte, doch technisch voll funktionsfähige Turbinen in Mambach geleitet.

Das Bergdorf Pfaffenberg
Aus dem Bergdorf Pfaffenberg stammte Franz Joseph Dietschy (1770-1842), der 1792 in das damals vorderösterreichische Rheinfelden „auswanderte". Dort gründete er die Brauerei Salmen, wurde später Stadtammann, also Bürger-

meister der Waldstadt und stieg schliesslich zum hochgeachteten Aargauer Staatsmann auf.

Die Geschichte von Maria Frieden
Aus Dankbarkeit darüber, dass das Wiesental von schweren Kriegsschäden verschont blieb, wurde im Jahre 1946 auf dem Scheibenackerköpfle, zwischen Mambach und der Berggemeinde Pfaffenberg, die Kapelle „Maria Frieden" errichtet.
(→ Landdkreis)

Weil Gerhard Jung, der 1999 verstorbene Zeller Heimatdichter, ihre Geschichte in einem Bildband (→ Das obere Wiesental) mit so trefflichen Worten beschrieben hat, wird im Folgenden – in dankbarer Erinnerung an ihn – dieses kurze Kapitel übernommen:

„Höret meiner Stimme Schall!
Friede sei im Wiesental!

So ruft das Glöcklein der Bergkapelle Maria Frieden dreimal täglich vom Mambacher Köpfle herab. Hören es die Mambacher und Atzenbacher noch, die Zeller und die Leute vom „Hinterhag"?

1945, als Pfarrer Eugen Thoma, der tiefgläubige und energische Hotzenwälder, von Tür zu Tür, von Handwerker zu Handwerker lief und für seine Idee bettelte, der Gottesmutter eine Dankkapelle zu bauen, weil die Heimat verschont geblieben ist von der Zerstörung und Gewalt des Krieges, ja, damals ging das Wort „Frieden" jedem unter die Haut. Da legten Männer freiwillig Hand an, die eben aus dem Krieg zurückgekommen waren. Da malte der Freiburger Professor Hans Franke das herrliche Altarbild der „Muttergottes vom Wiesental". Da schleppten Buben und Mädchen Steine, arbeiteten Holzhauer, Maurer, Schreiner und Zimmerleute um Gotteslohn.

So wächst Frieden! Aus freiwilligem Tun. „Niemals, niemals wieder darf Krieg sein!" Das ist die Mahnung der schlanken Kapelle auf dem Köpfle. „Merke!", würde Johann Peter Hebel sagen."

(Ende des Zitates von Gerhard A. Jung)

Blick von der Kapelle Maria Frieden in Richtung Atzenbach, seit dem 1. Januar 1975 ein Ortsteil der Stadt Zell im Wiesental. Im Hintergrund erhebt sich die Hohe Möhr mit ihrem weithin sichtbaren Turm.

View from the chapel Maria Frieden towards Atzenbach, since 1975 a part of the city of Zell. The tower on the Hohe Möhr in the background is clearly visible from afar.

Das Zeller Bergland
Gerhard A. Jung hat diese Region, die er bis in den letzten Winkel kannte, folgendermassen beschrieben: (→ Das obere Wiesental)
„Uralt und urjung, lieblich und gewaltig, freundlich und wild, romantisch und erschreckend – wo kann eine Landschaft all diese Attribute in sich vereinen? Zwischen Buebshorn und Glasberg, Saufert und Rümmelisbühl kann sie es, im „Zeller Bergland". Da ist alles beieinander, nebeneinander und übereinander."

Eine bittere Vergangenheit
Die Geschichte der Stadt Zell enthält reichlich Tragisches, wie einige der exemplarisch herausgegriffenen Ereignisse zeigen:
Brandstiftungen marodierender Schweden (1630), Einfälle der Franzosen und Kämpfe mit den kaiserlichen Truppen (1688), wiederholte Einmärsche und Überfälle französischer Truppen (1796 und 1799), Besetzung der Stadt durch die Franzosen (1800), schlimme Hungerjahre (1816/17), der

Bronze-Plastik mit dem „Todtnauerli"-Schaffner beim alten Bahnhof in Atzenbach. In diesem Ortsteil mündet der kleine Schuhlochbach in die Wiese. Von hier aus kann man auf einer Bergstrasse das am Nordhang der Hohen Möhr gelegene Riedichen erreichen.

A bronze sculpture of the conductor and a passenger of the steam-powered train of former times at the old station of Atzenbach. The riverlet Schuhlochbach flows into the Wiese here, and direct access to the North slope of the Hohe Möhr is provided.

grosse Stadtbrand vom 23. Juli 1818, Einzug von Friedrich Hecker mit einer Revolutionsarmee (18. April 1848).
Der bedrückende Niedergang der heimischen Textilindustrie in den letzten drei Jahrzehnten wirkte sich besonders nachhaltig auf die Stadt aus: Fast 3 000 Arbeitsplätze gingen in der Zeller Region verloren.

Bessere Verkehrsverbindungen
Für die Verkehrsanbindung der Stadt wichtige Daten waren die Inbetriebnahme der Eisenbahn auf der Wiesentalstrecke Basel – Zell im Jahre 1876 und die der Schmalspurbahn nach Todtnau, des berühmten „Todtnauerlis" also, im Jahr 1889.

Zu den guten Nachrichten zählt die Fertigstellung der Umgehungsstrasse nach achtjähriger Bauzeit: Am 30. September 1999 wurde das 1,6 km lange Strassenstück für den Verkehr freigegeben. Die als Jahrhundertereignis gepriesene Eröffnung der neuen Strasse gilt als Startschuss für eine innovative innerstädtische Entwicklung: So wird ein neues Rathaus gebaut; die Unterbringung im ehemaligen Verwaltungsgebäude der „Zell-Schönau" stellte nur eine Interimslösung dar. Was Zells Zukunft anbelangt, so ist Bürgermeister Karlheinz Lais zuversichtlich: Die neuen Ansätze stimmen.

Das Zentrum der Kernstadt, in den letzten Jahren durch den immer stärker werdenden Verkehr ausserordentlich belastet, kann sich sehen lassen. Nach Eröffnung der Umgehungsstrasse am 30. September 1999 ist das Zeller Nadelöhr der Bundesstrasse 317 endlich beseitigt.

The attractive city centre of Zell has finally been relieved of the heavy traffic, as a bypass has been opened in September 1999.

Weltbekannte Zeller

Eigentlich sollten diejenigen, welche in einer ruhigen Stunde durch die Zeller Innenstadt schlendern, Musik von Mozart erklingen hören. Denn Constanze, die Ehefrau von Wolfgang Amadeus Mozart, sein "„Stanzerl", wie er sie in seinen glücklichen Jahren nannte, war ein waschechtes Zeller „Maidli". Deswegen wurde auch im Gasthaus „zum Löwen" eine „Constanze-Mozart-Stube" eingerichtet. Auf einer Schrifttafel an der Fassade eines Nachbarhauses kann man folgenden Text lesen:

„Hier stand bis zum Stadtbrand 1818 das Amtshaus der Freiherren von Schönau-Zell, Geburtshaus des Vaters des Komponisten Carl Maria von Weber, Franz Anton Weber, geboren 1734, und der Maria Constanza Mozart, geb. Weber, Ehefrau des Komponisten W. A. Mozart, geb. am 5. Januar 1762."

Seit Anfang 1999 gibt es im Gasthaus „Krone" auch eine Carl-Maria-von-Weber-Stube. Um die verwandtschaftlichen Zusammenhänge zu verdeutlichen: Constanze Mozart war eine Cousine von Carl Maria von Weber, dem Komponisten des „Freischütz". Beide wurden in Zell geboren.

Neue Zeller Stadtchronik

Am 10. Dezember 1999 wurde die neue Zeller Stadtchronik (→ Geschichte der Stadt Zell) der

Die „Alte Apotheke", das schöne Haus mit dem Erker an der Ecke Schönauerstrasse/ Kirchstrasse. Die katholische Pfarrkirche St. Fridolin stammt aus der Zeit nach dem grossen Brand von 1818 und wurde auf den Resten des früheren Gebäudes errichtet.

This stately mansion is called the "Old Pharmacy". St. Fridolin, the catholic church nearby, was built after the great fire of 1818 on the ruins of the old construction.

Zwei Experten an einem noch funktionsfähigen Zell-Schönau-Webstuhl im Wiesentäler Textilmuseum:
Kurt Vogelmann (links), ehemaliger Meister in der Zell-Schönau, und Hans H. Fräulin († 30. Okt. 1999), Maschinenbaumeister und Initiator des Textilmuseums.

Two experts and former master craftsmen demonstrating the functions of a loom that was used in the regional textile industry. It has now found its place in the local museum.

Öffentlichkeit vorgestellt, leider ohne deren engagierten Autor, denn Hans H. Fräulin, ein echtes Zeller Original, starb kurz zuvor.

Während der letzten Monate seines reich erfüllten Lebens arbeitete Hans H. Fräulin mit der für ihn selbstverständlichen Disziplin an diesem Werk, das unbedingt abgeschlossen werden sollte. Er hat es gerade noch geschafft, wofür ihm viele Zellerinnen und Zeller dankbar sein werden. Auch das Wiesentäler Textilmuseum gäbe es ohne seine Initiative und seinen unermüdlichen Einsatz sicher nicht.

Hommage für zwei waschechte Zeller
Als Nachruf auf Hans H. Fräulin und Gerhard A. Jung, aber auch als Kostprobe für diejenigen, für welche alemannische Texte ein Novum sind, seien im Folgenden Verse von Johann Peter Hebel aus seinem Gedicht „Freude in Ehren" zitiert:

Ne Gsang in Ehre,
wer will's verwehre?
Singt 's Tierli nit in Hurst und Nast,
der Engel nit im Sterneglast?
E freie, frohe Muet,
e gsund und fröhlich Bluet
goht über Geld und Guet.

Ne freudig Stündli,
isch's nit e Fündli?
Jetz hemmer's und jetz simmer do;
es chunnt e Zit, würd's anderst goh.
's währt alles churzi Zit,
der Chilchhof isch nit wit.
Wer weiss, wer ball dört lit?

Mit dem historischen Revolutionsspiel „Ein Tag im April 1848" hat Gerhard A. Jung, der am 25. April 1998 verstorbene Heimatdichter, Hebelpreisträger und Zeller Ehrenbürger, seiner Heimatstadt ein bedeutendes kulturelles Erbe hinterlassen. Das Stück wurde vom 26. Juni bis zum 12. Juli 1998 im Webi-Hof aufgeführt.

A scene from the anniversary open-air performance of the historical revolution play "A day in 1848" by the well-known local writer Gerhard A. Jung, who sadly died in April 1998, only two months before the opening night.

Wenn d'Glocke schalle,
wer hilft is alle?
O geb is Gott e sanfte Tod!
e rüejig Gwisse geb is Gott,
wenn d'Sunn am Himmel lacht,
wenn alles blitzt und chracht,
und in der letzte Nacht!

Bedeutende Industrieunternehmen
Neben der früh dominierenden Textilindustrie erreichte die Metallverarbeitung in Zell bereits von den 1890er Jahren an einige Bedeutung. Ein Beispiel stellvertretend für andere erfolgreiche Firmen: 1941, nachdem ihre Fabrikanlagen in Krefeld bei Bombenangriffen zerstört worden waren, verlegte die 1919 gegründete Pleuco GmbH, Carl Pleus und Söhne, ihren Sitz nach Zell und richtete sich in der früheren „Zellulosefabrik" ein. Die vor allem als Zulieferer für die Autoindustrie tätige Pleuco, ein Unternehmen der MWP-Gruppe, zählt mit ihren rund 550 Mitarbeiterinnen und Mitarbeitern zu den führenden Wiesentäler Firmen.

Der westliche Teil der Zeller Kernstadt, wo sich zu beiden Seiten der Wiesental-Bahnlinie bereits vor Jahrzehnten Unternehmen der metallverarbeitenden Industrie angesiedelt haben. Auf der Flugaufnahme sind Teile der Zeller Werke der zur MWP-Gruppe gehörenden Pleuco (rechts oben) zu sehen.

In the western part of the inner city of Zell, the metal industry has become established on both sides of the railway track.

Hausen im Wiesental
Z'Huuse im Hebeldorf

„Wer Hausen sagt, muss an Hebel denken", soll vor Jahren einmal ein Minister der baden-württembergischen Regierung gesagt haben. Tatsächlich erfolgt die Verbindung dieser Wiesentalgemeinde mit dem alemannischen Heimatdichter geradezu automatisch. Die Identifikation ist so vollkommen, dass sogar im Wappen des Dorfes ein silbernes Fachwerkhaus auf grünem Hintergrund enthalten ist, das sofort als Hebels Heimathaus, Gedenkstätte und Heimatmuseum zu erkennen ist.

Hausen und Johann Peter Hebel
Am 10. Mai 1760 wurde der grosse Sohn des Wiesentals in Basel im Haus St. Johann 89, heute Totentanz 2, geboren. Seine Mutter Ursula Hebel, geb. Oertlin (1727-1773), war eine waschechte Hausenerin: Seit Generationen lebten ihre Vorfahren in dem protestantischen Dorf, das damals zur Markgrafschaft Baden-Durlach gehörte und an deren Grenze lag. Das nahe Zell gehörte bereits zum vorderösterreichisch-katholischen Gebiet. Der Vater, Johann Jakob Hebel (1720-1761), war Leinenweber und stammte aus Simmern in der Kurpfalz. Beide Eltern standen im Dienst der Basler Patrizierfamilie Iselin-Ryhiner. Weil nach der damaligen Basler Ehegerichtsordnung die Heirat eines Reformierten mit einer „Lutherischen" in Basel nicht zulässig war, fand die Trauung der Eltern in Hauingen statt.
(→ Den Blick zum Belchen gewendet)

Bereits drei Tage nach der Geburt wurde Johann Peter in der Basler Peterskirche getauft. Da die Familie Mitte Juli 1761 in Basel an Typhus erkrankte, kehrte sie ins heimatliche Hausen zurück. Doch bereits am 25. Juli starb der Vater, Anfang August auch die erst sechs Wochen alte Schwester Susanne. Von 1766 an besuchte Johann Peter Hebel im Winter die Volksschule in Hausen, während der Sommermonate hingegen die Gemeindeschule St. Peter in Basel.

Stationen auf dem weiteren Lebensweg
1783 Präzeptoratsvikar am Pädagogikum Lörrach
1792 Hofdiakon in Karlsruhe
1806 Ernennung zum Kirchenrat
1819 Ernennung zum Prälaten der Evangelischen Landeskirche und Mitglied der Ersten Kammer des Badischen Landtages
1821 Ehrendoktor der Theologischen Fakultät Heidelberg
1826 Tod in Schwetzingen

Heimweh nach dem Wiesental
Aus dem Heimweh nach seinem „Oberland" heraus entstanden die „Allemannischen Gedichte" (1803), die, von Goethe und Jean Paul hoch geschätzt, die Landschaft und den bäuerlichen Lebensbereich des südlichen Schwarzwalds in besinnlichen, heiter bis ernsten und dabei unmerklich erzieherischen Szenen und Betrachtungen beschreiben. Die letzte Reise in seine über alles geliebte Heimat fand im Herbst 1812 statt. Dabei machte Johann Peter Hebel Besuche in Hausen, Schopfheim, Lörrach und Weil.

Das Hebel-Haus als Heimatmuseum
Johann Peter Hebel verbrachte in dem kleinen Fachwerkhaus, das seit 1960 Dorf- und Heimatmuseum ist, zusammen mit seiner Mutter die ersten Lebensjahre. Trotz des Fehlens des Vaters erlebte „'s Urselis Peter" in Hausen glückliche

Das Hebeldorf Hausen im Wiesental im Sommer 1999. Am südöstlichen Ortsrand nahe der Wiese ist eine neue Industriezone entstanden, die vom 1987 errichteten und mehrfach erweiterten Werk Hausen und Stammhaus der Autokabel-Gruppe dominiert wird.

Hausen, the native village of Johann Peter Hebel's mother is called "Hebel's village" by the local people, in honour of the most famous poet of the region. On the outskirts in the south east, near the river Wiese, a new industry area has been set up.

Die Hebelmusik in ihrer traditionellen Kleidung ist am Tag dieses fröhlichen Volksfestes von sechs Uhr früh an im Dauereinsatz.

Even this band in its traditional attire is dedicated to the local hero and bears his name.

Kindheits- und Jugendjahre und blieb dort bis zum Tod seiner geliebten Mutter im Jahre 1773. Die im oberen Stockwerk des Fachwerkhauses gelegene Wohnung der Familie Hebel befindet sich in unverändertem Zustand und kann von Besuchern besichtigt werden.

Der 10. Mai – Hausens höchster Feiertag
Das Hebelfest und das dazu gehörende „Hebelmähli" gibt es bereits seit 1861. Letzteres geht auf Johann Peter Hebels Wunsch zurück, älteren Hausener Bürgern sonntags einen Schoppen Wein zu spendieren. Die Basler Hebelstiftung erfüllte das Anliegen des Dichters zu dessen 100. Geburtstag in Form des „Hebelmählis", das längst fester Bestandteil des Hebelfestes ist. Zwölf „Alte Manne", denen sich später auch „Alte Fraue" anschliessen durften, werden an diesem besonderen Tag als Ehrengäste der Basler Hebelstiftung in Hausen bewirtet.

Mit dem gebotenen Respekt zieht der Festumzug am Elternhaus von Johann Peter Hebel vorbei, das sich im Dorfzentrum gleich neben der alten Kirche befindet.

The procession of the annual Hebel celebration passing the pretty home of the popular writer, which is in the village centre right next to the old church.

„Huusemer Chinder" als „Vreneli" und „Hansli", eine Art einfache Kindertracht, wie sie von Johann Peter Hebel in seinem Gedicht über „Die Wiese" beschrieben wurde.

The village children solemnly parading their own traditional costumes.

Karl Heinz Vogt hat bald gut lachen: Hausens volkstümlicher Bürgermeister und neuer Ehrenbürger verabschiedete sich im Rathaus nach 24-jähriger Amtszeit im Juni 1999 – sechs Wochen nach dem Fest zum 239. Geburtstag von Johann Peter Hebel.
Mayor Karl Heinz Vogt, making merry at his last official Hebel celebration in June 1999 – six weeks after that, he retired from office after 24 years in the town hall.

Die Hohe Möhr
mit der Schweigmatt

Ein herrlicher Aussichtsberg

Die Hohe Möhr erreicht man am einfachsten, wenn man in der Nähe des westlichen Ortseinganges von Hausen die Bundesstrasse 317 in Richtung Raitbach verlässt und auf der Bergstrasse zur Schweigmatt, einer früheren Kurregion, fährt. Von dort aus folgt man gut ausgeschilderten Wanderwegen durch den Wald und erreicht schliesslich den 984 m hohen Berggipfel. Der mehrfach aufgestockte, inzwischen 33 m hohe „Möhrenturm" gilt als der „letzte ganz markante Aussichtspunkt auf der 275 km langen Strecke zwischen Pforzheim und Basel"(→ Wanderführer Schwarzwald Süd). Von hier aus hat man bei klarem Wetter eine einzigartige Rundsicht. Langjährige Kenner des Südschwarzwalds behaupten, dass man die Alpenkette von der Roten Wand in Vorarlberg bis zum Mont Blanc nirgendwo besser sieht als von hier aus. Als unbeschreibliches Erlebnis gilt unter Wander- und Naturfreunden ein Sonnenaufgang auf der Turmplattform der Hohen Möhr.

Blick vom Turm der Hohen Möhr aus Richtung Südwesten. Im Hintergrund sieht man die Silhouette des Dinkelberges, auf dem der oberhalb von Riehen gelegene Chrischona-Turm emporragt.

View from the tower of the Hohe Möhr towards the south west, showing a hazy outline of the Dinkelberg hill with the Chrischona tower.

Aus der Turmchronik

Von weither sichtbar thront die Hohe Möhr wie ein Leuchtturm über dem mittleren Wiesental. 1893 von der Sektion Schopfheim des Schwarzwaldvereins errichtet, brannte es auf dem am 20. Mai 1894 eingeweihten und zunächst nur 25 m hohen Turm bereits schon zweimal, nämlich 1902 und 1924; wiederholt wurde aufgestockt und die Aussichtsplattform ausgebaut. Eng verbunden mit der Turmgeschichte ist der Name des Fahrnauers Karl-Friedrich Ringwald, der sich nach dem Zweiten Weltkrieg mit ganzer Kraft für die Renovierung des Turmes einsetzte. Bei vielen älteren Einheimischen ist er als „Möhren-Vater" in liebevoller Erinnerung geblieben.

Ausflugsziel für Wanderer

Seit Jahrzehnten ist die Hohe Möhr ein beliebtes Ausflugs- und Etappenziel für Wandergruppen aus der ganzen Regio Basiliensis. Die Ortsgruppe Schopfheim des Schwarzwaldvereins, die für den Erhalt des Turms verantwortlich ist, beging den „Tag der Heimat" auch 1999, bisheriger Tradition folgend, am zweiten September-Wochenende auf der Hohen Möhr. Darin eingeschlossen sind jeweils ein „Sonntagshock am Turm" und eine kleine Wanderung.

Von der Turmplattform aus hat man auch einen schönen Blick auf den Südschwarzwald. Auf der rechten Seite taucht bereits der Belchen auf.

On the other hand, the view from the tower platform reveals a panorama of the southern Black Forest with the Belchen on the right.

Schopfheim
Die alte Markgrafenstadt

Das Wappen der Stadt Schopfheim enthält im gespaltenen Schild links einen roten Schrägbalken auf goldgelbem Feld, rechts in Blau den silbern gekleideten Erzengel Michael mit rotem Schwert in der erhobenen Rechten und einer roten Waage in der gesenkten Linken. Das Wappen symbolisiert zum einen altbadische Tradition, enthält aber zum andern mit dem Patron der Stadtkirche, St. Michael, auch ein christliches Element. In einer Urkunde von 807 ist „Scofheim" unter „Vergabungen an das Kloster St. Gallen" erstmals urkundlich nachgewiesen (→ Wappenbuch / Kreischronik).

750 Jahre Stadt Schopfheim
Aus der reichen Geschichte soll lediglich erwähnt werden, dass um das Jahr 1250 der damalige zentral gelegene Flecken unter Konrad I. von Rötteln zur Stadt erhoben wurde.
Dieses Datum ist wichtig, denn 2000 finden die grossen 750-Jahrfeiern der Stadt Schopfheim statt. Rechtzeitig zum Stadtjubiläum ist im November 1999 der neue Bildband mit dem folgenden Titel erschienen:

Flugaufnahme mit einem Teil der Kernstadt von Schopfheim und dem Ortsteil Fahrnau am Fusse des Entegastes (links). Unterhalb dieses Bergrückens biegt die Wiese nach Südwesten ab. Im Hintergrund sind das Hebeldorf Hausen im Wiesental und der Ortsteil Raitbach (rechts oben) zu erkennen.

Bird's eye view of a part of the inner city of Schopfheim, with "Hebel's village" Hausen in the background on the left.

Strütt, Klaus u. a.: „Stadt Schopfheim – Traditionsbewusst in die Zukunft", Verlag Friedr. Stadler, Konstanz, 1999.

Geographische Lage
Die Kernstadt Schopfheim liegt in einem der schönsten Teile des landschaftlich so abwechslungsreichen Tals der Wiese, das hier einen Kessel bildet. Geologisch wird das Gebiet als „Schopfheimer Bucht" bezeichnet. Das eigentliche Stadtgebiet dehnt sich unterhalb des Entegastes über die gesamte Talbreite aus. In diesem Bereich ändert die Wiese ihre bisherige Richtung und fliesst westwärts weiter.

Die Ortsteile der Stadt Schopfheim
Die Keimzelle der Stadt Schopfheim ist die Altstadt, von den Einheimischen liebevoll als das „Städtli" bezeichnet. Dessen „Herzstück" wiederum bildet die alte St. Michaelskirche, das Wahrzeichen der Stadt. Ihre Anfänge reichen vermutlich bis in die Merowingerzeit im 7./8. Jh. zurück; sie stand also schon lange vor der Stadtgründung.

In die heutige Stadt Schopfheim eingegliedert sind Fahrnau (seit 1971), Langenau (seit 1972), Raitbach (seit 1973), Enkenstein (seit 1974), das Bergdorf Gersbach (seit 1974) sowie die beiden Dinkelbergdörfer Eichen und Wiechs (seit 1975).

Die St. Michaelskirche befindet sich, wie es in der Kreischronik heisst, auf „römischer Grundlage". Sie gehört zur Gruppe der frühen Kirchen in der Region.

St. Michael's church is built on a "Roman base" according to the chronicle of the district and is one of the earliest churches in the region, its first construction probably dating back to the 7th or 8th century.

Statistische Angaben
Ein paar Angaben zu den Einwohnerzahlen in der Region Schopfheim: Am 31. März 1998 hatte Schopfheim 18 496, Hausen 2 401, Hasel 1 110 und Maulburg 3 868 Einwohnerinnen und Einwohner (Statistisches Landesamt).

750 Jahre Stadt Schopfheim
Die Stadt Schopfheim präsentiert sich an der Schwelle zum neuen Jahrtausend und zum Jubiläumsjahr mit den 750-Jahr-Feiern in einem rundum guten, in vielen Bereichen sogar vorbildlichen Zustand. Das ist zu einem grossen Teil das Verdienst ihres Bürgermeisters Klaus Fleck, der im Januar 1999 sein 20-jähriges Dienstjubiläum feiern konnte.

Die Bürgerschaft Schopfheims und der Ortsteile hat allen Grund, auf ihr Stadtoberhaupt stolz zu sein, das so vieles bewegt hat. Es ist gewiss nicht übertrieben, wenn man Schopfheim „eine lebenswerte, liebenswerte, kulturell aktive Stadt im Wiesental" nennt, wie dies Klaus Strütt, Fachbereichsleiter bei der Stadtverwaltung Schopfheim

Hinter dem 1826 im „Weinbrenner-Stil" errichteten Rathaus am Lindenplatz (vorne rechts) steht die alte St. Michaelskirche, die über die geschmackvoll renovierte Altstadt herausragt. Ihre Anfänge liegen in der Merowingerzeit im 7./8. Jh.

Schopfheim with old St. Michael's church dominating the carefully restored inner city. The town hall in front of the church was built in 1826 in the style of the illustrious architect Weinbrenner.

und einer der Autoren des neuen Stadt-Bildbandes, in einem Kapitel geschrieben hat.

Ortsteile auf dem Dinkelberg
Der Name dieser Kalklandschaft, die an den Schweizer Jura erinnert, weist darauf hin, dass früher auf den Feldern überwiegend Dinkel angebaut wurde. Wiechs, südlich der Kernstadt und am nördlichen Rand der Dinkelbergscholle gelegen, hat jahrhundertealte Bindungen zu Schopfheim: Das Dorf, dessen drei goldene Ähren im alten Gemeindewappen auf die Bedeutung der früheren Landwirtschaft hinweisen, gehörte zum Schopfheimer Dinghof und lag damit „im Zwing und Bann der Stadt" (→ Kreischronik). Seit Ende der 60er Jahre erfreut sich Wiechs einer regen Bautätigkeit. Vor allem nördlich des alten Ortskerns ist auf einer sonnigen Terrasse ein grosses Neubaugebiet entstanden, von dem aus man einen eindrucksvollen Blick auf die Schopfheimer Bucht und den nahen Südschwarzwald hat.

Auf dem Hohen Flum
Die Einheimischen verbinden das Bergdorf Wiechs vor allem mit dem Aussichtsturm auf dem Hohen Flum, der zum 125-jährigen Jubiläum im Jahre 1999 renoviert wurde. Über die Geschichte dieses Turms wird in einem neuen Bildband berichtet (→ Der Hohe-Flum-Turm):

Daten zur Turmgeschichte
○ Seit Januar 1874 Planungsarbeiten für den Turmbau und Spendenaktion
Im März Vergabe der Bauarbeiten
Vorsitzender des Bauausschusses ist Apotheker Fleiner aus Schopfheim
○ 4. Mai 1874 Grundsteinlegung
Im Anschluss Spendenzusage des „Badischen Schwarzwaldvereins"

Der Hohe-Flum-Turm, beliebtes Ausflugsziel in der Region, steht auf der höchsten Stelle des Dinkelberges (535 m). Anlässlich seines 125-jährigen Jubiläums wurde der zwischen Wiechs und Nordschwaben gelegene Aussichtsturm renoviert

The observation tower of Hohe Flum, a regional attraction on the highest point of the Dinkelberg (535m), has been restored for its 125th anniversary.

- 9. August 1874 Bezirks-Sängerfest in Wiechs im Verbund mit der Turm-Einweihung
- 9. August 1999 125-jähriges Jubiläum nach gründlicher Renovation des Hohe-Flum-Turms.

Der Eichener See
Zur positiven Entwicklung im Ortsteil Eichen gehört die Erhaltung des Dorfcharakters und die intakte Dorfgemeinschaft mit einem lebendigen Vereinsleben. Der Turm „vom Eiemer Kirchli" wurde renoviert, doch die Sensation von 1999 und der ganzen 90er Jahre war der Eichener See:

Das Naturwunder zeigte sich am 20. Februar wieder in seiner ganzen Schönheit. Die wasserreichen Tage hatten die unterirdischen Speicher kräftig gefüllt; von Woche zu Woche stieg der Seespiegel stärker an und erreichte schliesslich eine Rekordgrösse. Er blieb bis zum Frühsommer bestehen, was sehr ungewöhnlich ist. So wurde 1999 der „Eiemer See" zur Attraktion in der ganzen Region.

Eine stillgelegte Bahnstrecke mit Tunnel
Am östlichen Rand des Landkreises Lörrach liegt zwischen Wiesen- und Wehratal die selbständige

Bauernladen im alten „Milchhüsli Wiechs". Verkauft werden hochwertige Lebensmittel von Wiechser Landwirten: frisches Obst und Gemüse, Rind- und Schweinefleisch.

The former dairy is a food shop today with all kinds of fresh local products of excellent quality.

Boris Gerdes, engagierter Umweltschützer aus Todtmoos und „Mister Batman der Region", vor dem Hasler Tunnel der stillgelegten Bahnstrecke Schopfheim-Wehr, der heute Scharen von Fledermäusen als Heimstätte dient.

Boris Gerdes, a committed environmentalist, pointing out a tunnel of the closed railway line, which presently accommodates thousands of bats.

Gemeinde Hasel, deren „Erdmannshöhle" viele kennen. Das Dorf am Haselbach befindet sich in einer tektonisch stark zerrütteten Übergangszone zwischen Dinkelberg- und Hotzenwaldscholle.

Der Hasler Tunnel
Die direkt am südöstlichen Ausgang des alten Tunnels gelegene Bahnstation Hasel erinnert an die alten Zeiten, als noch Züge zwischen Schopfheim und Wehr verkehrten.

Mit dem Eisenbahn- und Tunnelbau der Bahnstrecke Schopfheim – Säckingen wurde bereits 1887 begonnen, 1890 der Bahnbetrieb aufgenommen. Nach Stilllegung der Strecke zwischen 1966 und 1968 überliess man den 3,5 km langen Hasler Tunnel zwischen Fahrnau und Hasel der Natur.

Vor allem in den 80er Jahren war die weitere Nutzung des Haslers Tunnels Gegenstand kritischer und leidenschaftlicher Diskussionen. Glückliche Gewinner der langen Runde von Auseinandersetzungen waren schliesslich die Fledermäuse, die sich in ihrem neuen Refugium wohlfühlen.

Die Doline des Eichener Sees in einer typischen Karstlandschaft: Vom 20. Februar 1999 an füllte sich die unscheinbare Mulde zwischen Eichen und Hasel langsam mit Wasser. Zwei Wochen später erreichte der See mit 140 mal 250 m eine eindrucksvolle Grösse.

The Lake of Eichen is a typical phenomenon in a Jurassic landsape. Starting on February 20, 1999, the small hollow between Eichen and Hasel had slowly been filling up with water. Two weeks later the lake reached the imposing dimensions of 140 by 250 metres.

Der Frühling ist eingekehrt, doch der Eichener See ist noch immer da. Während mehrerer Wochen war er die Attraktion in der Region, gelegentlich auch Schauplatz fröhlicher Feste wie dem traditionellen Ostermontags-Eierspringen.

Even through spring has come the Lake of Eichen is still there. For many weeks it has been the region's most famous attraction and the scene of several merry feasts such as the traditional Easter Monday's „egg and spoon race".

Das Gewerbegebiet „Niedere Schleife" im Westen der Stadt Schopfheim. Zu den erfolgreichsten Unternehmen im High-Tech-Zentrum gehört die „AFT Automatisierungs- und Fördertechnik", die im Frühjahr 1999 ihr modernes Verwaltungsgebäude (links von der Bildmitte) bezog.

The industrial district „Niedere Schleife" in the west of the city of Schopfheim. One of the most successful enterprises in this hitech centre of the Wiesental valley is „AFT" which inaugurated its modern administration building (left from the centre).

Auf dem Weg ins Kleine Wiesental

Am westlichen Rand des Schopfheimer Stadtgebietes liegt das alte Dorf Gündenhausen, das heute kaum noch mit einem eigenständigen Siedlungsbild in Erscheinung tritt. Zu sehr wurde es in den letzten Jahrzehnten von den umliegenden Industrie- und Gewerbegebieten unterdrückt und zur reinen Vorortszone degradiert. Als Reste des früheren Dorfkerns sind lediglich das alte Gasthaus „Löwen" und vielleicht noch ein paar mehr oder weniger stark veränderte Anwesen in dessen Nähe erhalten geblieben.

Neues Gewerbegebiet mit High-Tech-Firmen

Verlässt man die alte Bundesstrasse beim Gündenhausener Kreisel und fährt auf der Landstrasse 139 in Richtung Langenau/Kleines Wiesental weiter, so beeindrucken die auf der rechten Strassenseite – kurz vor der Wiesenbrücke – gelegenen modernen Industriebauten im neuen Gewerbegebiet „Niedere Schleife".

AFT als Beispiel

Ein Vorzeigebeispiel für die hier ansässigen Unternehmen ist die „AFT Automatisierungs- und Fördertechnik", deren Geschichte eher nach „Silicon Valley" als ins Tal der Wiese zu passen scheint:

Innerhalb von zehn Jahren entwickelte sich die Schopfheimer Firma vom kleinen 28-Mitarbeiter-Betrieb zum viel beachteten und weltweit operierenden 180-Mitarbeiter-Unternehmen mit über 110 Millionen Mark Jahresumsatz. AFT stellt Förderanlagen für Autofabriken her, liefert seine Fördertechnik und sein Know-how aber auch an Krankenhäuser und Firmen der Konsumgüter-Industrie. Als Bekenntnis zum bewährten Standort Schopfheim wurden, wie AFT-Firmengründer und Geschäftsführer Gerd Brutschin mit berechtigtem Stolz feststellte, im Firmenareal rund 5 Millionen Mark investiert. Ein neues Verwaltungsgebäude sowie eine Halle für Forschung und Entwicklung gingen 1999 in Betrieb.

Die Stadtteile Langenau und Enkenstein

Fährt man nach Schopfheim-Gündenhausen auf der „L 139" über die Wiesenbrücke nordwärts weiter, so erreicht man nach kurzer Zeit die „Lange Au": Sie ist seit 1972 ein Stadtteil von Schopfheim, und zwar deren tiefstgelegener. Das früher stark von der Landwirtschaft bestimmte Dorf liegt am Ausgang des Kleinen Wiesentals zwischen zwei bewaldeten Bergrücken, dem Entegast im Osten und dem Scheinberg im Westen.

Die Kleine Wiese kann sich, so harmlos ihr Name auch klingen mag, nach Tauwetter in schneereichen Wintern oder nach mehrtägigen, intensiven Regenfällen zum reissenden Fluss entwickeln, wie sie das im Februar 1999 mit Hochwasser und massiven Flurschäden eindrücklich bewiesen hat. Dass sie früher ein fischreiches Gewässer gewesen sein muss, darauf weist das alte Wappen der Gemeinde Langenau hin. Es enthält in Blau eine aufgebogene silberne Forelle mit roten Tupfen. (→ Wappenbuch)

Aus einer Burgsiedlung entstanden

Enkenstein ist der nordwestlichste Ortsteil der Stadt Schopfheim. Das erstmals 1392 urkundlich als „Eingestein" erwähnte Dorf ist aus einer Burgsiedlung hervorgegangen (→ Kreischronik), worauf das alte Wappen – eine rote Burgruine auf einem grünen Hügel mit fünf Tannen - hinweist. Ein Zusammenhang mit der einstigen Rotenburg ist anzunehmen, doch keineswegs bewiesen. Von dem am östlichen Rand des Kleinen Wiesentals und unmittelbar am Schwarzwaldanstieg gelegenen Dorf kann man über eine kleine Passstrasse, die über den Maienberg führt, in kurzer Zeit das Hebeldorf Hausen und damit das Tal der Grossen Wiese erreichen.

Eine imposante Holzbrücke für die Radfahrer zwischen Gündenhausen und Langenau, gelegentlich als „kleine Golden-Gate-Bridge" bezeichnet.

The imposing wodden bridge between Gündenhausen and Langenau is sometimes called „small Golden Gate Bridge" by the cyclists who cross it.

Im Tal der Kleinen Wiese
Belchen-Impressionen

Die selbständige Gemeinde Wieslet
Nordwestlich von Enkenstein liegt die selbständige Gemeinde Wieslet. Der bis heute nicht gedeutete Ortsname dürfte – nach amtlichem Vermerk – mit der Kleinen Wiese zusammenhängen. Auf der Gemarkung befinden sich die Ruinen der Rotenburg, der Stammsitz der Edelfreien von Rotenberg (→ Wappenbuch).

Erfolgreiche Initiative KuK
Seit 1991 sorgt die Initiative „Kunst und Kultur Kleines Wiesental" (KuK) für einen hohen Bekanntheitsgrad des Dorfes, der weit über die Regio Basiliensis hinausgeht. Das am 16. April 1999 im Wiesleter Pfarrhaus eröffnete Friedrich-Ludwig-Museum stellte das kulturelle Jahresereignis im Kleinen Wiesental dar und sorgte für viele Schlagzeilen in der Presse: Erstmals wurden die vielen grossartigen Bilder des wiederentdeckten Wiesleter Expressionisten der Öffentlichkeit zugänglich gemacht. Für die Kunstfreunde in der Region, vor allem aber für die KuK-Leute und deren Mentor und Motor, Landarzt Dr. Hans Viardot, ist damit ein modernes Märchen wahr geworden. Dass zusätzlich noch die fachliche Bewertung der Bilder durch einen führenden Kunstkritiker so überaus positiv ausfiel, war die Krönung dieser wunderbaren Wiesleter Geschichte, deren Kunde bis nach New York drang.

Landwirtschaft im Kleinen Wiesental
Schwer hatten es die Landwirte zwischen Tegernau und Neuenweg mit ihren meist kleinen Höfen und dem oft steilen Gelände schon immer. Doch in den letzten Jahren wurde es für viele noch schwieriger. Der Preisverfall bei landwirtschaftlichen Produkten, insbesondere die sinkenden Milchpreise, hatten zur Folge, dass sich „s'Buure" immer weniger lohnte. Dafür nahm der „EU-Bürokratismus" zu, über den sich viele Landwirte beklagen.

Würden sie nicht wie ihre Väter mit ganzem Herzen an der heimatlichen Scholle hängen, hätten viele Landwirte längst aufgegeben. Um als „Vollerwerbsbauer" von der Landwirtschaft leben zu können, bräuchte es, so konnte man in der Regionalpresse lesen, Höfe mit mindestens 70 Hektar Wirtschaftsfläche und 100 Stück Vieh. Doch Höfe dieser Grössenordnung sind Ausnahme im Tal der Kleinen Wiese und höchstens Wunschträume engagierter Landwirte, die sich tagtäglich für die Offenhaltung der Landschaft und die Ernährung der Bevölkerung einsetzen.

Das Beispiel der letzten Schneiderhof-Bäuerin
Wie mühsam das Leben früher auf den Bauernhöfen im Kleinen Wiesental tatsächlich war, kann man sich besser vorstellen, wenn man das 1999 von Jürgen Kammerer herausgegebene Büchlein „Berta Schneider - Ihr Leben - Erinnerungen", (→ Literaturverzeichnis) gelesen hat. Die Bäuerin, die keine Nachkommen hatte, bewirtschaftete bis kurz vor ihrem Tod im Jahre 1986 den Schneiderhof in Endenburg-Kirchhausen, der heute ein Bauernhausmuseum ist. Trotz schwerer Arbeit war Berta Schneider mit sich und ihrer kleinen Welt zufrieden und meinte gelegentlich: „Mir längt's! 's goht au soo! I bi z'friede!"

Die Ortsteile Langenau (im Vordergrund) und Enkenstein (Bildmitte) der Stadt Schopfheim. Oberhalb der Gemeinde Wieslet (links hinten) ist bereits der Belchen zu sehen.

Two districts of Schopfheim, Langenau in the fore, and Enkenstein further back. Behind the small independent commune of Wieslet, the peak of the Belchen is covered in snow.

Dichtgedrängt scharen sich die Häuser um die Kirche herum. Der enge Dorfkern wird zusätzlich noch von der Kleinen Wiese und wichtigen Verkehrswegen durchschnitten. In der Nähe der Kirche befindet sich auch das 1999 im alten Pfarrhaus eröffnete Friedrich-Ludwig-Museum.

Wieslet is an independent commune in the front part of the valley of the Kleine Wiese. The buildings are closely packed around the church and the narrow centre of the village is cut through by the small river and important traffic arteries.

Das Raicher Brauchtumsfest

Das Gemeindegebiet von Raich liegt über einer reizvollen Berglandschaft zwischen Köhlgarten- und Belchenwiese ausgebreitet. Dass man den kleinen Streuweiler Raich fast überall im Dreiland kennt, ist schnell erklärt: Das Dorf hat für sein schmuckes Äusseres 1985 eine Gold-Auszeichnung vom Land Baden-Württemberg erhalten, ein Jahr später folgte bereits Bundesgold. Vor allem das Brauchtumsfest sorgt für den guten Ruf des Bergdorfes.

Begonnen hatte das Ganze 1976 mit dem Projekt eines Weideschuppens, in dem alte Landwirtschaftsmaschinen und -geräte eingestellt werden sollten. Daraus entwickelte sich die Idee des Brauchtumsfestes, das alle zwei Jahre durchgeführt wird und Besucherinnen und Besucher von nah und fern in Scharen anzieht. Am Sonntag, den 20. September 1998, war es auf dem Hügel mit den alten Linden im oberen Teil des Dorfes wieder einmal soweit. Unter fachkundiger Moderation von Alt-Bürgermeister Ernst Senn wurde in einem abwechslungsreichen Programm vorgeführt, wie man früher z. B. von Hand Stroh drosch, die Felder bewirtschaftete, Wasserleitungen aus durchbohrten Baumstämmen herstellte oder die Hausarbeit – ohne die heute selbstverständlichen elektrischen Geräte – verrichtete. Erstmals konnte man in Raich einem Schmied bei seiner schweren Arbeit über die Schulter schauen und einem Dachdecker zusehen, der noch die inzwischen fast vergessene Technik des Dachdeckens mit Stroh beherrscht. Und natürlich fehlte auch die Vorführung alter Landmaschinen beim Raicher Brauchtumsfest 1998 nicht, dem wiederum ein riesiger Erfolg beschieden war.

Ein Novum im Programm des Raicher Brauchtumsfestes 1998 war das „Dachdegge" mit Stroh.

Thatching is a new feature in the annual celebration of traditional customs in the hamlet of Raich in 1998.

Bürchau - am Oberlauf der Belchenwiese

Die selbständige Gemeinde Bürchau enthält in ihrem Wappen eine silberne Birke. Damit ist ihr Ortsname erklärt, der in alten Dokumenten noch „Birchowe" hiess, was „Birkenau" (→ Kreischronik) bedeutet. Seit 1972 gehört Bürchau zum Gemeindeverwaltungsverband Kleines Wiesental, der seinen Sitz in Tegernau hat.

Noch bis in die 50er Jahre hinein war Bürchau von der Landwirtschaft geprägt, deren Bedeutung danach rapide abzunehmen begann. Bereits in den 80er Jahren gab es keinen einzigen Vollerwerbsbetrieb mehr. Doch verstanden die Bürchauer die Zeichen der Zeit und entwickelten eine sanfte Form des Tourismus, der massgeschneidert zu ihrem Dorf im Belchenland passte.

Der über 300 Jahre alte „Schneiderhof" in Kirchhausen ist heute ein Bauernhausmuseum. Sein neues Strohdach wurde erst Anfang Dezember 1999 fertiggestellt.

The „Schneiderhof" near the „Vogelpark Steinen", a farm house built in 1696, serves as an agricultural museum today. In the autumn of 1999, its original thatched roof was restored.

Die Vorführung alter Landmaschinen hat beim Brauchtumsfest Tradition. Dieser noch immer bestens funktionierende „Lanz Bulldog" fand bei den zahlreichen Besucherinnen und Besuchern grosses Interesse.

Old agricultural machines, however, have been paraded for a long time during these celebrations. This "Lanz Bulldog", for instance, is still in perfect working order.

Schon bald galt das frühere Bauerndorf als Geheimtip für viele Feriengäste, die das Besondere suchten. Die zahlreichen Anstrengungen lohnten sich: Im Jahre 1993 erhielt Bürchau gleich zwei Goldmedaillen als schönstes Dorf.

Das Gartendorf
Das Dorf ist wegen seiner einmaligen Lage im Tal der Belchenwiese und seiner Bauerngärten, die nirgendwo schöner sind, weithin berühmt. Daher lag nichts näher, als in Bürchau „Gartenwochen" zu organisieren, die zu einem Riesenerfolg wurden.

Bei der vierten „Bürchauer Gartenwoche" im Juni 1999 z. B. konnten sich rund 30 Seminarteilnehmer von Bürgermeister Herbert Baier, Martin Linemann, dem Kreis-Obstbauberater, „Sonnhalde"-Küchenchef Bernd Roser und anderen Experten fünf Tage lang über alles zum Thema „Pflanzen und Gartenanlagen" informieren lassen. Auch die verschiedenen, natürlich vorkommenden Wiesentypen wurden vor Ort eingehend studiert.

In Bürchaus buntem Tourismus-Programm gibt es nicht weniger als 20 „Sonderwochen" – von der „Kräuter- bis zur Hubertuswoche", worauf der engagierte Bürgermeister des „Gartendorfes" mit berechtigtem Stolz hinweist.

Kräuter, Küche und Landschaft
Das älteste noch bestehende Haus in Bürchau ist die reizvoll gelegene „Sonnhalde" der Familie Roser. Zu den Besonderheiten dieses Berggasthofes und Hotels gehören ausser der bewährten badischen Küche eigene „Küchen-Rezepturen" mit Wildblumen, Kräutern und Wiesenpflanzen, Beeren und Früchten, Berglamm aus eigener Zucht, Wildspezialitäten und vieles andere mehr.

Die Kochkurse im Hause erfreuen sich sowohl bei Gästen als auch bei Einheimischen grösster Beliebtheit; durch die „Wander-, Maikäfer- und Pilzwochen", um nur ein paar Beispiele zu nennen, werden sie ergänzt. Auch eine „Cuisine Vitale" fehlt nicht im abwechslungsreichen Programm.

Idylle am südlichen Ortseingang zum „Gartendorf": Ein Mühlrad erinnert daran, dass an dieser engen Stelle im Tal der Belchenwiese früher eine Mühle stand.

The mill-wheel near the south entrance to the village of Bürchau, the name of which is derived from the birch-tree, is a relic of the former mill.

Tips und Tricks vom Küchenchef persönlich: „Sonnhalde"-Chef Bernd Roser (vorne links) beim Intensiv-Kochkurs.

Küchenkräuter sind ein Teil des Geheimnisses der vielgerühmten Küche im Berggasthof Hotel „Sonnhalde".

In the cookery courses at the mountain inn "Sonnhalde". It is the chef himself who passes on the tricks of the trade. Local herbs are one of the gastronomic secrets of the famous kitchen.

Neuenweg - am Fuss des Belchens
Im obersten Talabschnitt der Kleinen Wiese und am Südhang des Belchens liegt Neuenweg. Es bildet den oberen Siedlungsabschluss im Tal. Der Ortsname leitet sich von „ze dem niuwen wege" ab, der erstmals in einem Dokument von 1278 auftauchte.

Kurzporträt der Gemeinde
Zum Gemeindewappen nur soviel: Der Adlerflügel im oberen Feld des Wappens symbolisiert die frühere Zugehörigkeit zur Herrschaft Sausenburg (→ Wappenbuch).

Ausser dem Kerndorf gehören zur Gemeinde die Ortsteile Belchenhöfe, Heubronn mit den Weilern Vorder-, Mittel- und Hinterheubronn und schliesslich Sägemättle. Ebenso wie Bürchau, Elbenschwand, Raich, Sallneck, Tegernau, Wies und Wieslet zählt Neuenweg zu den Mitgliedern des Gemeindeverwaltungsverbands Kleines Wiesental, dessen Vorsitzender Rudolf Geiger ist, der Bürgermeister von Wieslet.

Der Nonnenmattweiher als Eiszeit-Relikt
Ein unvergleichliches Juwel des Belchenlandes ist der Nonnenmattweiher, der zwischen dem 1 224 m hohen Köhlgarten, dem Quellgebiet der „Köhlgartenwiese", und der Gemeinde Neuenweg liegt. Wie es auf einer Schrifttafel in diesem Naturschutzgebiet heisst, ist der Nonnenmattweiher ein „eiszeitliches Gletscherkar", d. h. eine Mulde an den während der Eiszeit vergletscherten Hängen, in der sich in der nachfolgenden wärmeren Periode Schmelzwasser ansammelte.

„Das hervorragend ausgebildete Kar mit seinen rund 100 m hohen Karwänden, dem eindrucksvollen Karsee und den deutlich erkennbaren Moränenwällen ist der sichtbare Beweis für die eiszeitliche Vergletscherung des Köhlgartenmassivs."

Unweit der alten Mühle kann man diese gewölbte Steinbrücke über die Belchenwiese entdecken. Auf Gemeindegebiet sind noch vier weitere Brücken dieses Typs zu finden.

This small stone bridge, one of five in the district of Bürchau, can be found on the Belchen grassland, not far from the old mill.

Winterstimmung am Nonnenmattweiher: Der sagenumwobene See liegt tiefverschneit unter einer mächtigen Eisdecke. Wer die Stille sucht, der findet sie hier in der Abgeschiedenheit dieser einzigartigen Belchenregion.

In winter the Nonnenmattweiher, a pond steeped in legend, is often freezed over and covered in snow. This remote spot is ideal for holiday-makers to retreat from a hectic everyday life.

Frühlingserwachen am Nonnenmattweiher, der eine Tiefe von bis zu sieben Metern erreicht. Einer amüsanten Sage zufolge soll hier einmal ein Nonnenkloster gestanden haben, das wegen des unschicklichen Lebenswandels seiner Nonnen an dieser Stelle versank.

In the first days of spring the Nonnenmattweiher, which reaches a depth of seven meters, is especially beautiful. Legend has it that there had been a nunnery once, which one fine day sank beneath the waves and vanished forever because the nuns had sinned too often.

So lautet die fachmännische Beschreibung in dem vom Regierungspräsidium Freiburg 1998 herausgegebenen Kompendium über „Die Naturschutzgebiete im Regierungsbezirk Freiburg. (→ Literaturverzeichnis).

Eine schwimmende Torfinsel
Weil der Nonnenmattweiher Anfang des 18. Jhs. künstlich aufgestaut wurde, löste sich ein Teil des vermoorten Karbodens ab. Auf diese Weise entstand eine schwimmende Torfinsel, deren beigebraune Farbe bei sonnigem Wetter einen unbeschreiblichen Kontrast zum leuchtenden Blau des Wassers bildet.
Zu den Besonderheiten dieses seit 1987 geschützten Landschaftsgebietes gehört auch eine einzigartige Flora: so z. B. eine Wacholderweide, Alpenpflanzen am Weiherfelsen, ein bodenständiger Urwald in der Karwand und eine Hochmoorvegetation auf der Torfinsel.

Bei guter Sicht bietet sich vom schönsten Berg des Schwarzwaldes aus ein mit Worten kaum zu beschreibender Panoramablick mit der Alpenkette in ihrer vollen Breite.

When visibility is good, the panorama of the Alps with the Zugspitze and the Montblanc as well as the near Feldberg and the Vosges mountain range is rather too stunning for words.

Blick vom Belchen aus in das Tal der Kleinen Wiese und auf Neuenweg. Von hier aus führen wichtige Passstrassen in die Rheinebene, in das Münstertal und in das Obere Wiesental.

View from the Belchen towards the pleasant valley of the Kleine Wiese.

Seine Majestät, der Belchen
Den Namen Belenus, „der Leuchtende", haben die Kelten dem schönsten der Schwarzwaldberge gegeben: dem 1 414 m hohen Belchen. Auch Flussnamen wie z. B. Aitara (Aiterbach), Bregga (Prägbach), Wisa (Wiese) sowie verschiedene Orts- und Flurnamen sind keltischen Ursprungs (→ Belchenland). Nach dem Feldberg (1 493 m) und dem Herzogenhorn (1 415 m) ist der Belchen der dritthöchste Berg im Schwarzwald. Man kann ihn mit dem Auto über Aitern und die Belchenstrasse erreichen, die bei einem grossen Parkplatz unterhalb des Belchenhauses endet. Allerdings ist das letzte Teilstück der Belchenstrasse an den Wochenenden und Feiertagen vom 1. Juli bis zum 1. November für Pkws gesperrt. Dafür befördert ein „Belchenbus" die Touristen bis zum Belchenhaus. Als etwas vom Schönsten gilt eine Wanderung von Neuenweg über die Belchenhöfe oder aber von Oberböllen im Wiedenbachtal aus. Vorgesehen ist, den seit 50 Jahren unter Naturschutz stehenden Belchen zur autofreien Zone zu erklären. Ernsthaft im Gespräch ist auch eine Gondelbahn, die die Besucher direkt zum Belchengipfel, wie der Feldberg eine „subalpine Insel", bringen soll.

Seit 50 Jahren steht der Belchen unter Naturschutz: Aus Anlass des 50-jährigen Jubiläums wurde Ende September 1999 ein neues Gipfelkreuz errichtet. Als nächster Schritt zum weiteren Schutz des Aussichtsberges wird ein autofreier Belchengipfel anvisiert.

For 50 years the Belchen has been protected by law. In order to celebrate this anniversary, a new cross was put up on the peak in September 1999.

Maulburg
Ein neues Flussbett für die Wiese

Das Wappen von Maulburg enthält einen zweigeschossigen Zinnenturm mit offenem Tor. Der Name der selbständigen Gemeinde soll sich „von einem Erdaufwurf" ableiten (→ Wappenbuch) und nicht, wie man vermuten könnte, von einer Burg. Das von spottlustigen Einheimischen aus den Nachbargemeinden auch heute noch gelegentlich als „Schnuureburg" bezeichnete Dorf liegt zwischen dem Scheinberg im Norden und dem Dinkelberg im Süden.

Vom Bauerndorf zur Industriegemeinde

Bis etwa 1850 prägte die Landwirtschaft das Bild der Maulburger Bevölkerung, die sich ihren Lebensunterhalt vor allem mit Kleinbetrieben verdiente. Dann aber kam es zu einem rapiden sozialen Wandel, bei dem die Wiese eine entscheidende Rolle spielte: Da am östlichen Rand der Gemeinde – im Gewann Müschele – die von der Langenau herkommende Kleine Wiese in den Hauptfluss mündet, erwiesen sich die grossen Wasservorräte an dieser Stelle und die Wasserkraft der Wiese, welche in der Zeit beginnender Industrialisierung Turbinen antreiben konnte, als ausserordentlich nützlich. So entstanden in Maulburg neue Industriebetriebe, wobei Schweizer Fabrikanten zu den Pionieren gehörten, so etwa der Basler Oberst Geigy-Lichtenhahn. Er gründete eine Weberei, die schon bald 500 Beschäftigte zählte, von denen zwei Drittel Frauen waren. Der Bau der Wiesentalbahn von Basel bis Schopfheim im Jahre 1862 machte den Standort Maulburg noch attraktiver.

Gefahr durch Hochwasser

Ein Nachteil hatte allerdings die Lage in einem so wasserreichen Gebiet: Hochwasser, besonders im Gewann Müschele, führte gelegentlich zu Überschwemmungen mit teilweise massiven Schäden. Weil 1877 bei einem starken Hochwasser auch die Wiesental-Bahnstrecke oberhalb von Maulburg unter Wasser stand und den Bahnverkehr zum Erliegen brachte, wurde mit der Kanalisierung der Wiese (→ Kreischronik) und mit dem Bau kleiner Industriekanäle begonnen, welche die neuen Betriebe mit ihren Turbinen zur Stromerzeugung direkt mit Wasser versorgten. Das Hochwasserproblem war damit gelöst, neue Industrieunternehmen siedelten sich in rascher Folge an.

Noch stärker als damals in den „Gründerjahren" bestimmt heute die Industrie das wirtschaftliche Leben in Maulburg: 1993 gab es nach Angaben in der Kreischronik 15 Industrieunternehmen. Grösster Arbeitgeber ist die Endress + Hauser GmbH & Co. mit über 1 200 Beschäftigten (1999).

Maulburg, Kaffee und Kamerun

Wer gelegentlich im Maulburger Dorfzentrum zu tun hat, der weiss, dass es an der Hauptstrasse 36-38 die Cabi Caffè GmbH gibt, eine Kaffeerösterei, in deren Ladengeschäft man viele Sorten Kaffee kaufen und an deren Kaffeebar man einen wunderbaren Espresso trinken kann. Was Firmenchef Antonio Bilotta mit dem Verein „Partnerschaft Übersee" zu tun hat, ist schnell erzählt.

Ein vorbildliches Partnerschaftsprojekt

Seit 1980 ist Dikome in Kamerun Partnerbezirk des evangelischen Kirchenbezirks Schopfheim. Weil die Bauern in diesem westafrikanischen Gebiet ihren Kaffee wegen einer Wirtschaftskrise im Lande nicht mehr absetzen konnten, wurde 1993 vom Verein „Partnerschaft Übersee" in den Kirchenbezirken Lörrach und Schopfheim ein Projekt zur Direktvermarktung des Kaffees initiiert.

Nach Einmündung ihrer „kleinen Schwester" (rechts oben) fliesst die Wiese dem Scheinberg entlang westwärts, vorbei an Maulburgs grösstem Industrieunternehmen (in der Bildmitte) „Endress + Hauser".

Along the main stream of the Wiese, which has been joined by the Kleine Wiese near Maulburg, Endress + Hauser has settled – the largest industrial plant of the region.

Inzwischen liegen bereits einige Erfahrungen und erste Erfolge vor, die belegen, dass sich mit diesem Projekt befriedigende Verkäufe erreichen lassen. Weil es keine Zwischenhändler gibt, erhalten die in einer Farmer-Kooperative zusammengeschlossenen Kaffeebauern einen gerechten Lohn, der ihnen ermöglicht, in der schwer zugänglichen Bergregion im Umkreis eines aktiven Vulkans ein besseres Leben zu führen.

Als Kaffee-Experte und Cabi-Chef Antonio Bilotta auf das Projekt angesprochen wurde, sagte er spontan seine aktive Mitwirkung zu. Bereits am 16. September 1993 servierte man, wie die Regionalpresse voller Lob berichtete, die erste Tasse Dikome-Kaffee im Maulburger Kaffeeladen. Im Dezember 1996 traf dann die erste grosse Ladung mit zehn Tonnen Kaffee ein, 1997 folgten weitere sechs, Ende November 1998 sogar 18 Tonnen. Inzwischen gibt es „Halleluja-Kaffee" auch in den Hieber-Märkten.

Kakao-Direktmarketing als Vision
Im Frühjahr 1999 gehörten bereits 200 Mitglieder der auf dem Genossenschafts-Gedanken basierenden „Farmer-Cooperative" an. Für sie wurde vom Wiesentäler Förderverein für rund 30 000 Mark ein Lastwagen gekauft, der über den Kaffeeverkauf finanziert werden soll. Vorsitzender des Fördervereins ist Dekan Helfried Heidler; Gerd Arzet, der Bürgermeister von Maulburg, amtet als Schatzmeister und Traugott Schillinger, der Dossenbacher Pfarrer, als Schriftführer. Sie alle sind voller Zuversicht, dass das Direktmarketing der richtige Weg ist, um den Bauern in Dikome zu helfen. Schliesslich bleibt so der grössere Teil des Gewinns bei ihnen. „Die Leute haben nun wieder Geld für Medikamente, die Kinder können die Schule besuchen." (Dekan Heidler). Das Vertrauen in die „Farmer-Cooperative", der 18 Dörfer angeschlossen sind, hat so sehr zugenommen, dass beim Förderverein bereits neue Produkte für das Direktmarketing anvisiert werden. Das könnte beispielsweise fair gehandelter Kakao aus Dikome sein, dessen Transport aus der abgelegenen Bergregion allerdings schwieriger ist als der von Kaffee.

Aber auch von anderer Seite wurde der Schopfheimer Partnerbezirk Dikome tatkräftig unterstützt. Ende Februar 1999 machten sich gleich zwei Teams auf den Weg zum Hilfseinsatz in Kamerun: ein Interplast-OP-Ärzteteam mit Dr. Günter Zabel aus Schopfheim und ein Techniker-Team mit Bürgermeister Klaus Fleck. Bereits Mitte März folgte eine weitere Wiesentäler Delegation, zu der der Maulburger Bürgermeister Gerd Arzet, Kaffeeexperte Antonio Bilotta sowie einige Pfarrer aus den evangelischen Kirchenbezirken Schopfheim und Lörrach gehörten.

Jahrhundert-Hochwasser im Februar 1999
In der zweitletzten Februarwoche wurde schlagartig deutlich, dass die enormen Schneemengen, die in nur wenigen Tagen vom Himmel heruntergekommen waren, ebenso schnell wieder wegtauen würden. Folge der Erwärmung und starker Regenfälle am 19. Februar, der zu einem „Schwarzen Freitag" wurde: Hochwasseralarm in ganz Süddeutschland und in vielen Teilen der Schweiz. Ein paar Ortsteile von Schopfheim standen unter Wasser, insbesondere Langenau und Enkenstein, wo die Kleine Wiese an vielen Stellen über ihre Ufer trat. Um einige Dimensionen grösser waren die Schäden, welche die reissenden Fluten der Wiese an der „Unteren Legi" in Maulburg unterhalb der Wiesenbrücke angerichtet hatten: Nicht nur die Fischtreppe wurde weggespült und das Wehr beschädigt, die gigantischen Wogen der zum reissenden Schwarzwaldfluss gewordenen Wiese rissen - zunächst rechts, dann links - zwei Hektar Uferzone mit Grünland weg, so dass auf

Ein vorbildliches Quartett beim Ausladen eines Kaffee-Transporters aus Kamerun. Von links nach rechts: Antonio Bilotta, BM Klaus Fleck (Schopfheim), Dekan Helfried Heidler und BM Gerd Arzet (Maulburg).

The Maulburg project for direct collaboration with coffee farmers in Cameroon guarantees fair wages for the workers and excellent coffee for the customers.

Badefreuden an der „Unteren Legi" in Maulburg im Sommer 1998. Weil sich die Wiese beim Hochwasser ein neues Flussbett gesucht hatte, sah es ein Jahr später an dieser Stelle ganz anders aus.

Bathing activities near Maulburg in summer 1998. In the following year, the great floods caused the Wiese to change its course dramatically at this point.

beiden Seiten grosse Einbuchtungen entstanden. Bagger mussten anrücken, um die Uferstreifen zur Bundesstrasse 317 hin mit Felsbrocken abzusichern. Uneinigkeit bestand anfänglich wegen des weiteren Vorgehens bei der Ausbuchtung auf der Scheinberg-Seite der Wiese.

Chancen für die Renaturierung der Wiese
„Der Ausbruch der Wiese bei Maulburg" sorgte in den Medien für viele Schlagzeilen und Kommentare. Täglich pilgerten Scharen von Schaulustigen an den Ort des Geschehens, wo die Wiese ihr Bett verlassen hatte und in einem s-förmigen Mäander weiterfloss. Maulburgs engagierter Bürgermeister Gerd Arzet war von dem Naturereignis begeistert und setzte sich dafür ein, dem Willen des Flusses zu folgen, ihn also im selbstgewählten, neuen Flussbett zu belassen.
„Lassen statt machen" – dies war auch die Meinung von Wolf Pabst, dem Chef der Gewässerdirektion Südlicher Oberrhein. Nach diesem Grundsatz erfolgte schliesslich auch der Entscheid der Behörde im August 1999. So wurden zur Freude vieler Umweltschützer die einmaligen Chancen der Renaturierung genutzt. Einige Kritiker dürften jedoch nicht müde werden, sich über das „Bild der Unordnung", von dem gelegentlich in der Regionalpresse auch die Rede war, aufzuregen und nach Massnahmen zu rufen, die Wiese wieder in ihr altes Flussbett zu zwingen.

Auf der linken Uferseite der Wiese waren umfangreiche Sicherungsarbeiten notwendig, um die nach dem schweren Hochwasser gefährdete Bundesstrasse 317 zu stabilisieren.

As even the highway was threatend by the river, extensive security measures had to be taken on its left hand bank.

Die neu entstandene rechte Buntsandstein-Uferpartie wurde im „Naturzustand" belassen. Lediglich bei der Begrünung soll später mit geeigneten Bäumen und Büschen etwas nachgeholfen werden.

On the right hand side however, the new red sandstone bank, a result of the floods, was left in its natural state.

Damit die Wiese ein sauberer Fluss bleibt
Wo viele Menschen leben, arbeiten, produzieren, Wasser brauchen, da entstehen Abwässer, die nach den Anforderungen des modernen Umweltschutzes sorgfältig gereinigt werden müssen.

Von den knapp 200 000 Einwohnern im Landkreis sind über 90 Prozent an eine öffentliche Kanalisation bzw. an eine kommunale, mechanisch-biologische Sammelkläranlage angeschlossen.

Abwasserverband Mittleres Wiesental
Die moderne Kläranlage des Abwasserverbandes Mittleres Wiesental in Steinen wurde 1968 von 13 Gemeinden gegründet. Nach der Gemeindereform gehörten dem Verband noch sieben Gemeinden an, nämlich Steinen, Maulburg, Schopfheim, Hausen und Zell im Wiesental, Häg-Ehrsberg und Wieslet.
Die für 73 000 „Einwohnerwerte" (EW) ausgebaute „Altanlage" kostete damals 14 Millionen Mark.

ARA nach dem letzten Stand der Technik
Mit den insgesamt 68 Millionen teuren Erweiterungsbauten, zu denen auch eine Schlammtrocknung gehört, werden 105 000 EW erreicht, für Experten eindrucksvolle Werte. Pro Jahr wird eine Wassermenge von 5,3 Millionen m^3 mechanisch und biologisch gereinigt. Der Jahresumsatz dieser Abwasserreinigungsanlage (ARA) in der Grössenordnung von 8 Millionen Mark entspricht dem eines kleinen Industrieunternehmens.

Steinen
Der Vogelpark Steinen

Das Wappen der Gemeinde Steinen enthält im geteilten Schild oben eine aus sieben Steinen bestehende Mauer, unten einen silbernen Wellenbalken auf grünem Feld, der die Wiese darstellt. Die sieben Steine symbolisieren die sieben Gemeinden, aus denen am 1. Januar 1975 das „neue Steinen" entstanden ist (→ Wappenbuch): nämlich aus dem „früheren Steinen" mit Weitenau (Januar 1974) und Endenburg (Oktober 1974), das sich mit Hägelberg, Höllstein, Hüsingen und Schlächtenhaus vereinigte. Das Gemeindegebiet von Steinen reicht mit einem bis zu vier Kilometer breiten Streifen vom Dinkelberg im Süden (Ortsteile Höllstein und Hüsingen) über das Untere Wiesental und die „Weitenauer Vorbergzone" bis in den Schwarzwaldbereich (Endenburg mit Kirchhausen und Lehnacker) im Norden hinein (→ Kreischronik).

100. Geburtstag des Rathauses

Ein denkwürdiges Jubiläum erlebte Steinens Rathaus, in dem Bürgermeister Herbert Stumböck noch bis ins Jahr 2000 amtet, um dann nach über 16 Jahren „einem oder einer Jüngeren Platz zu machen", wie er sagte. Die 1899 für den Direktor der damaligen Spinnerei und Weberei Steinen erbaute Villa wurde 100 Jahre alt. Seit August 1950 ist das noble Gebäude im Dorfzentrum der Sitz des Bürgermeisters. Ein ganz neues Schmuckstück und der Stolz Steinens ist der Mühlehof, in den die Gemeinde als Eigentümerin 15 Millionen Mark investiert hat. Das moderne Seniorenzentrum besteht aus vier Häusern und wurde 1998 nach Plänen des Haslacher Architekturbüros Harter & Kanzler fertiggestellt.

Der Mühlehof als Modell

Im Landkreis Lörrach sind heute knapp 46 000 Menschen über 60-jährig, stehen also im „dritten Lebensabschnitt". Jeder fünfte Kreisbewohner gehört inzwischen dieser Altersgruppe an, und das bei steigender Tendenz. Der Grossteil der älteren Menschen lebt in der angestammten Wohnung. Dass es auch anders geht und erst noch bei deutlich besserer Lebensqualität, das zeigt das Beispiel der „Senioren Genossenschaft Steinen".

Senioren helfen Senioren

Der „Modellfall Mühlehof" basiert auf der Idee des „kommunalen Altenteils" als Ersatz für jenen, der in der Familie verlorenging, wie es Johannes Pflüger ausdrückt. Alt und Jung gehören zusammen, die Generationengrenzen müssen überwunden werden. Logische Konsequenz daher: Im Mühlehof gibt es auch einen Kindergar-

Begegnungen beim täglichen Bürgertreff im Innenhof des Seniorenzentrums. Lucia Eitenbichler (stehend, rechts im Bild), die beliebte Leiterin des Mühlehofs, ist selbstverständlich mit dabei.
The home for the elderly of Steinen is an example of successful modern architecture that favours the social life of its members.

Das Zentrum des Hauptortes von Steinen mit dem Seniorenzentrum „Mühlehof" (oben links), nicht nur in sozialer Hinsicht, sondern auch in architektonischer etwas Besonderes.
The centre of Steinen shows the architectural blend of old and new buildings which is typical of most villages in our region nowadays.

Expertengespräch zwischen Bürgermeister Herbert Stumböck (Mitte), Manfred Rist, dem neuen Vorsitzenden der Senioren Genossenschaft (links), und Alt-Bürgermeister Johannes Pflüger, dem Initiator des Mühlehofs und Ehrenvorsitzenden des Seniorenzentrums.

Expert talk: Johannes Pflüger (right), the ancient president and initiator of the project, discussing business with mayor Herbert Stumböck (middle) and Manfred Rist, the new president of the old people's home.

ten, denn auch Grosseltern und Enkel gehören zusammen, so eine weitere These. In dieser solidarischen Gemeinschaft haben selbstverständlich auch ältere, betagte, hilfs- und pflegebedürftige Mitbürgerinnen und Mitbürger ihren Platz. Die Buchstaben „SGS", wie die hausinterne Abkürzung für die „Senioren Genossenschaft Steinen" lautet, interpretiert der Alt-Bürgermeister mit „Selbständig – Gemeinsam – Sicher" und macht damit sein Verständnis über die Lebensqualität der Bewohnerinnen und Bewohner im Hause deutlich. Zum vielseitigen Angebot für die Senioren im Mühlehof zählen Fitness und Alterssport, Malen, Ausstellungen, Vorträge und vieles andere mehr. Was die älteren und behinderten Senioren angeht, so heisst eine weitere Maxime von Johannes Pflüger: Das Pflegeheim so lange hinausschieben, wie es nur geht.

Freiwillige Mitarbeiter als Stütze des Konzepts

Mit grossem Einsatz und spürbarer Freude leitet Lucia Eitenbichler das Seniorenzentrum Mühlehof mit sechs Festangestellten und 100 bürgerschaftlich engagierten, also freiwilligen Mitarbeiterinnen und Mitarbeitern im Alter zwischen 25 und 70 Jahren. Sie engagieren sich, weil es ihnen Spass macht, und sie verstehen sich als Partnerinnen und Partner. Das prägt auch die besondere Atmosphäre im Hause, die ihresgleichen sucht.

Das Seniorenzentrum in Steinen ist aber nicht nur in sozialer Hinsicht etwas Besonderes. Wegen seiner ansprechenden Architektur ist der Mühlehof bereits in der Vorauswahl für den „Hugo 2000", den Hugo-Häring-Preis für Architektur in Baden-Württemberg, aufgeführt. Wie die Kreisgruppe Hochrhein im Bund Deutscher Architekten feststellt, „füge sich die Wohnanlage sehr gut in das dörfliche Umfeld mit dem naheliegenden Ortskern ein und biete mit den Geschäftsräumen und Höfen einen hohen Wohnwert". Wer einen Rundgang durch die vier Häuser gemacht hat, der kann das nur bestätigen.

Eine gemeinnützige Gesellschaft

Mit Beginn des Jahres 2000 läuft der Betrieb des Mühlehofs als gemeinnützige Gesellschaft mit beschränkter Haftung. Dann ist die „Senioren Genossenschaft Steinen", die durch ihren fünfköpfigen geschäftsführenden Vorstand vertreten wird, wie es im Amtsdeutsch heisst, alleiniger Gesellschafter.

Die 750 Vereinsmitglieder verstehen sich wie bisher als Förderverein des Mühlehofes. Die Diplom-Sozialpädagogin und Betriebswirtin Lucia Eitenbichler wurde im Rahmen der neuen Organisation zur Geschäftsführerin ernannt. Die Zukunftsweichen im Mühlehof sind also gestellt.

Die zwischen der Wiese und der Bundesstrasse 317 bei Steinen gelegene Kläranlage des Abwasserverbandes Mittleres Wiesental entspricht dem letzten Stand der Technik.

The sewage treatment plant next to the Wiese river at Steinen corresponds to the latest technological methods.

Der Vogelpark Steinen

Zwischen den Ortsteilen Weitenau und Schlächtenhaus gibt es eine vom Verkehr abgeschirmte Talsenke, welche die Einheimischen früher spöttisch als „Mistgraben" bezeichneten. Daraus ist der 1980 eröffnete Vogelpark Steinen entstanden, der längst als eines der reizvollsten Ausflugsziele im Schwarzwald gilt. Weil immer neue „Events" auf dem Programm stehen, wird der Vogelpark seit Jahren auch von Ornithologen und Vogelliebhabern als Geheimtip gehandelt. Auf einer naturbelassenen Fläche von etwa 100 000 qm^3 bietet er rund tausend Vögeln, die 300 verschiedenen Arten angehören, ein prächtiges Zuhause.

Der Natur- und Erlebnispark ist zwischen Mitte März und Anfang November täglich geöffnet. Aber auch in der Nachsaison sind sonntags - bei schönem Wetter, wie es in der Informationsbroschüre heisst - Besucher willkommen. Besonders lohnend ist dann eine Stippvisite im beheizten Tropenhaus, einem der schönsten in ganz Europa. Dort dürfen 250 „Vogel-Kostbarkeiten", wie sie Vogelpark-Chef Gisbert Kasten bezeichnet, frei herumfliegen. Ein bekannter Star im Vogelpark ist der „Lachende Hans", das Wappentier Australiens. Diesen Eisvogel behalten die meisten Besucher in guter Erinnerung, denn er versteht es, lachende Menschen täuschend echt nachzuahmen.

Auch die Wissensvermittlung und Aufkärung der grossen und kleinen Besucher nimmt breiten Raum ein. So wird im Vogelkundehaus auf Schautafeln und in Vitrinen alles Wissenswerte über die heimische Vogelwelt vermittelt. Diplom-Biologe Thomas Schwarze aus Weil gehört seit Jahren zu den beliebten Instruktoren im Vogelpark. Im oberen Parkbereich ist ein „Arboretum" angelegt, ein Baumgarten also, zu dem 28 der bekanntesten heimischen Waldbäume gehören. Auch „Wetterfrosch" Jörg Kachelmann lässt sich ab und zu blicken. Er - bzw. seine Meteomedia AG - hat eine Wetterstation im Vogelpark.

Flugvorführungen mit Greifvögeln

Um seine Greifvögel allmählich an die neue Umgebung zu gewöhnen, begann ein junger Falkner mit seinen „Stars" bereits vom Dezember 1998 an zu üben. Zu der Gruppe gehörte ein Adlerbussard, ein Rotmilan, zwei Falken und ein Steppenadler. Sie alle waren Nachzüchtungen einer Tierstation. Für die Flugvorführungen wurden im Vogelpark ein Freigelände aufgebaut und Sitzgelegenheiten für 400 Besucher geschaffen. Am 14. März 1999 begannen die Greifvögel-Vorführungen, die rasch zur Attraktion des Vogelparks wurden. Wegen des grossen Interesses haben sie mittlerweile einen festen Platz im Veranstaltungsprogramm erhalten.

Die Falknerei – einst und heute

Bereits im 3. Jh. wurde die Falknerei von den Mongolen nach Europa gebracht. Unter dem Hohenstaufen-Kaiser Friedrich II., der selbst engagierter Falkner war und die Falknerei mit wissenschaftlicher Akribie betrieb, erlebte sie ihre Glanzzeit.

Heute dient die Falknerei in erster Linie dem Schutz der Greifvögel und ihrer Zucht. Wegen der starken Umweltverschmutzung und Behinderungen durch die fortschreitende Zivilisation sind Greifvögel heute vom Aussterben bedroht.

Ausbau der Greifvogelschau

Nach den deutschen Bestimmungen darf ein Falkner höchstens fünf Greifvögel betreuen. Weil es im Vogelpark Steinen inzwischen einige mehr davon gibt, wurde für die Saison 2000 ein zweiter Falkner angestellt.

Flugvorführungen mit Greifvögeln waren die Attraktion der Sommermonate 1999 im Vogelpark Steinen.

Flying birds of prey in the bird's reserve near Steinen in summer 1999 were a great success.

Seine Majestät, der Steppenadler. Er war einer der grossen Stars unter den Greifvögeln, die bei den Flugvorführungen vorgestellt wurden.

One of the stars of the show of summer 1999: His Royal Highness, the Tawny Eagle.

Lörrach
Die Grosse Kreisstadt

Fährt man von Steinen aus auf der Bundesstrasse 317 in Richtung Lörrach weiter, so beginnt die Kreisstadt bereits im Stadtteil Hauingen, der, wie das sich im Südwesten anschliessende Haagen, auf der rechten Uferseite der Wiese liegt.

Das Wappen der Stadt Lörrach, die sich offiziell „Grosse Kreisstadt" nennt, enthält eine aufsteigende goldene Lerche. Ihr Name dürfte keltoromanischen Ursprungs sein. Seit dem 1. Januar 1974 ist Haagen in die damalige Stadt Lörrach eingegliedert. Das „neue Lörrach" entstand am 1. Januar 1975 durch Vereinigung von Brombach, Hauingen und Lörrach (→ Wappenbuch).

Die Burgruine des Röttler Schlosses
Für Johann Peter Hebel war das Röttler Schloss in seinem „Oberland" ein Ort tiefempfundener Heimatliebe, wo er „die Geister besuchen" wollte. In seinem Gedicht über „Die Wiese" lässt er „des Feldbergs liebliches Töchterlein" folgendes sagen:

Jetz marschiere mer witers und allewiil aben und abe!
Siehsch dört vorne 's Röttler Schloss – verfalleni Muure?
In vertäflete Stube, mit goldene Liiste verbendlet,
hen sust Fürste gwohnt und schöni fürstlichi Fraue,
Heeren und Heeregsind, und d'Freud isch z'Röttle deheim gsi.
Aber jetz isch alles still. Undenklichi Zite
brenne keini Liechter in siine verrissene Stube,
flackeret kei Füür uf siiner versunkene Füürstet,
goht kei Chrueg in Cheller, kei Züber aben an Brunne
Wildi Tuube niste dört uf moosige Bäume.

Die Burgruine Rötteln ist das Wahrzeichen am Eingang zum Wiesental. Auf einer riesigen Talbrücke führt das Teilstück der Autobahn A 98 südwärts zum Dinkelberg und zur Schweiz.

The grandiose ruin of the Rötteln castle near Lörrach, which is first mentioned in a document of 1259, towers above the landscape as a veritable landmark.

1999 wurde mit Sanierungsarbeiten am „Gillers", dem vorderen Turm der Oberburg, begonnen. Der 22 m hohe Turm soll ebenfalls für das Publikum zugänglich gemacht werden.

In 1999, a renovation of the front tower of the ruin was taken up in order to make it safely accessible to the visitors.

Aktiver Röttelnbund
Hebel hätte gewiss seine Freude daran, heute die Burg Rötteln wiederzusehen, die sich in einem insgesamt guten Zustand befindet. Dass von Zeit zu Zeit Unterhalts- und Sicherungsarbeiten erforderlich sind, liegt auf der Hand. Seit vielen Jahren leisten Erwachsene und Jugendliche des 1926 gegründeten Röttelnbunds freiwillige Einsatzstunden. Doch nicht alles kann, wie Uwe Gimpel, der Vorsitzende des Vereins feststellte, in Eigenregie erledigt werden. Gerade bei einem Sanierungsprojekt wie dem des „Gillers" kann auf die Mitwirkung erfahrener Baufirmen nicht verzichtet werden.

Die grosse Verkehrsdrehscheibe des Vorderen Wiesentals mit der Ruine der Burg Rötteln. Das Schloss wurde 1259 unter Konrad I. von Rötteln, der auch Schopfheim zur Stadt erhoben hat, erstmals urkundlich erwähnt.

The great traffic junction at the entry of the Wiese valley with the Rötteln ruin in the background.

Blick von der Tumringer Wiesenbrücke in Richtung Haagen und Röttler Schloss. Das alte Dorf Tumringen verdankt seine Entstehung der günstigen geographischen Lage am Fuss der „Lucke", einem Pass zwischen Wiesen-, Kander- und Rheintal.

Haagen and the Rötteln castle seen from the bridge over the Wiese river near Tumringen.

Haagener Aktualitäten 1999

Die Burgfestspiele führten in den Sommerwochen Molières Komödie „Der Geizige" auf, bei der Kati Karrer (Basel) die Regie übernahm. Premiere war am 18. Juni 1999.

Für „Schöpflin Haagen", wie das Lörracher Versandhaus früher noch im Südbadischen hiess, kam am 31. Juli 1999 das erwartete Finale: 328 Beschäftigte wurden sofort entlassen; die restlichen folgten schrittweise bis zum 31. Oktober. 135 000 Protest-Postkarten, die beim Versandhaus-Konzern Quelle in Fürth eingingen, konnten am Entscheid ebenso wenig etwas ändern wie der Aufruf zum Boykott der Firma. Im Oktober 1999 wurde das Schöpflin-Quelle-Areal an einen „Lörracher Geschäftsmann" verkauft, der zumindest vorläufig ungenannt bleiben möchte.

Einzigartige geographische Lage

Die Kreisstadt Lörrach liegt zwischen den Höhen des Röttler Waldes im Norden und der schweizerischen Grenze im Süden, dem Tüllinger Berg im Westen und dem Dinkelberg im Osten. Einen ausgezeichneten Überblick über das so abwechslungsreiche Stadtgebiet hat man von der Höhe der Lucke aus.

Mit 45 022 Einwohnern erreichte die Kreismetropole am 31. Dezember 1998 die höchste Einwohnerzahl in der Geschichte der Stadt. Die meisten ausländischen Staatsangehörigen in Lörrach stammten aus Italien (2 626) und aus der Türkei (1 091).

Neue Perspektiven für Lörrach

Für viele Einwohnerinnen und Einwohner dürfte sich die Kreisstadt Lörrach seit dem Amtsantritt von Frau Heute-Bluhm verändert haben, für die meisten im positiven Sinne, wie sie bestätigten. Die Oberbürgermeisterin meinte in einem Interview in „Der Sonntag" vom 5. Sept. 1999, Lörrach sei "städtischer, selbstbewusster und heiterer" geworden. Als sie ihre Tätigkeit begann, galt die KBC noch als Vorzeigeunternehmen der Lörracher Industrie, „Schöpflin" war noch kein Thema. Aus den Ruinen der alten Industrie könnte daher Neues entstehen, etwa ein Innovationszentrum im alten KBC-Gebäude, das aus der Blüte-

Gudrun Heute-Bluhm, seit 1995 Oberbürgermeisterin der Grossen Kreisstadt, auf dem Dach des modernen Rathauses. Sie darf die Ergebnisse der Kreistagswahlen vom Oktober 1999 als grossen persönlichen Erfolg ihrer OB-Arbeit werten.

Gudrun Heute-Bluhm, mayor of the district town Lörrach since 1995, surveying her working area from the roof of the town hall.

Das neue Lörracher Rathaus, das die Eingemeindungen von 1974 erforderlich machten, wurde im März 1976 seiner Bestimmung übergeben.

The modern town hall building of Lörrach, which was officially opened in March 1976.

Blick über das Zentrum der Kreisstadt mit dem neuen „Burghof" (links hinter der Evangelischen Stadtkirche), der bereits für den „Hugo 2000" vorgeschlagen wurde: Die Jury attestierte dem Lörracher Kulturpalast sowohl städtebauliche als auch architektonische Qualität.

The centre of Lörrach with the new cultural centre 'Burghof' behind the protestant church, which is approved of by town planners as well as by architects.

zeit der Industrie in der Stadt stammt. Sie rechnet auch mit neuen Schweizer Firmengründungen im grenznahen EU-Raum. Trotz einer Reihe derzeit noch ungelöster Probleme sieht sie den Standort Lörrach mit grossen Chancen.

Die neue Kunst- und Kulturstadt

Wohltuend empfinden es viele, dass das vor den Toren zur Schweiz gelegene Lörrach zur Kultur- und Kunststadt geworden ist, wovon man sich bei einem Streifzug durch Lörrach selbst überzeugen kann: „Flaggschiff" der Lörracher Kultur ist natürlich der „Burghof" mit der Pyramide des Amerikaners Bruce Nauman.

Mit dem 1998 eröffneten Kulturzentrum erhielt Lörrachs Kulturleben „eine neue Mitte", und das im Herzen der Innenstadt. Auch das Museum am Burghof, das immer wieder durch attraktive Sonderausstellungen für positive Schlagzeilen sorgte, gehört schon länger zum kulturellen Netzwerk. Ausstellungen gibt es aber auch in der Kunsthalle am Markt. Das Alte Rathaus in der Wallbrunnstrasse wurde nach gründlicher Renovation zum neuen Treff für kulturelle Begegnungen. An mehreren Stellen im Lörracher Stadtzentrum entdeckt man originelle Skulpturen: so z. B. Stefan Balkenhols Säulenfigur, die über dem Senser Platz thront.

Das ehemals vorderösterreichische Stetten

Ob nun das im Süden der Kreisstadt gelegene Stetten als eine Ausbausiedlung von Riehen oder von Kleinhüningen anzusehen ist oder nicht, sicher ist dies: Erstmals urkundlich erwähnt wurde der Ort 763 als „Stetiheim". Während Hunderten von Jahren gehörte er zu den vorderösterreichischen Gebieten. Die Reformation konnte sich hier nicht durchsetzen, obwohl die markgräfliche Verwaltung vieles unternahm, um dies zu erreichen. Stetten wurde bereits 1908 in die Stadt Lörrach eingemeindet. Trotzdem soll auch heute noch den „echten Einheimischen" die katholische Prägung anzumerken sein. Sie haben sich, wie es in der Badischen Zeitung vom 26. November 1999 verhiess, einen besonderen Stolz bewahrt und legen Wert auf eine gewisse Portion Eigenständigkeit: In erster Linie sind sie Stettener und erst dann Bürgerinnen und Bürger der Kreisstadt.

Blick von Süden über die Kreisstadt mit der Wiese (vorne links). Im Hintergrund sind die Burgruine von Schloss Rötteln und die nahen Schwarzwaldberge zu sehen.

View of Lörrach from the south showing the river Wiese in the fore to the left, the Rötteln castle and the Black Forest in the background.

Cuius regio, eius religio

Stetten ist ein besonders gutes Beispiel für das alte „Cuius regio, eius religio" („Wes das Land, des der Glaube"). Dieser wichtige Grundsatz des Augsburger Religionsfriedens von 1555 galt während langer Zeit auch im Tal der Wiese: In Hausen und westlich davon war man – mit Ausnahme von Stetten – protestantisch, in Zell und nordöstlich davon, katholisch.

Die neue S-Bahn durch den Tüllinger Berg

Im Unterschied zur stillgelegten Wehratal-Bahnstrecke, die von der Natur langsam, aber sicher zurückerobert wird, pulsiert auf der alten Bahnlinie zwischen Lörrach und Weil am Rhein der Verkehr: Die beiden Grenzstädte sind durch die wiedereröffnete S-Bahn seit Frühjahr 1999 neu miteinander verbunden.

Dass nach jahrelangen Diskussionen alles so schnell ging, ja in Rekordzeit abgeschlossen werden konnte, grenzt fast an ein Wunder, das Landesgartenschau Grün 99 heisst. Sie hat vieles möglich gemacht. Um die Bahnstrecke zu realisieren, mussten in Lörrach-Stetten und in Weil-Otterbach vollständig neue Bahnbrücken und Unterführungen gebaut werden. Das ganze Projekt kostete 14 Millionen Mark. Allein die Sanierung des maroden Tunnels durch den Tüllinger Berg schlug mit fünf Millionen zu Buche. Zur wiedereröffneten S-Bahnstrecke gehört auch die neue Haltestelle in Weil-Gartenstadt.

Geliebtes Weindorf Tüllingen

Bereits 1935 wurde der Stadtteil Tüllingen in die Stadt Lörrach eingemeindet. Das Dorf am Tüllinger Berg bzw. dem „Dülliger", wie die Einheimischen kurz und bündig sagen, hat viele Vorzüge: Es liegt an einem ausgesprochen sonnigen Berghang, der eine herrliche Aussicht bietet. Hier wächst auch ein guter Wein.

Lieblingsort einheimischer Maler
Verschiedene Künstler haben diese Sonnenterrasse über dem Vorderen Wiesental geradezu geliebt: Der Markgräfler Maler Adolf Glattacker (1878-1971) zum Beispiel, der bekannte „Engeli-Moler". Er hat während langer Jahre im Bergdorf gewohnt; auf Tüllingens schönem Friedhof findet man auch sein Grab. Der Akademie-Künstler Herrman Daur (1870-1925), ein Schüler des berühmten Hans Thoma (1839-1924), stammte aus der damals noch selbständigen Gemeinde Stetten; seine letzten Lebensjahre verbrachte er im nahen Ötlingen. Daur schuf zahlreiche hervorragende Lithografien, zu denen auch einzigartige Motive auf dem Tüllinger Berg gehörten, so z. B. die alten Linden.

Eine legendenumwobene Bergkirche
Das frühere Dorf „Tülliken" dürfte sich um die alte Bergkirche herum entwickelt haben. Sein Name ist nach Walter Jung keltisch: Mit „tullin-gha" sollen die Kelten einen grünen Hügel bezeichnet haben. Die Kirche jedenfalls wird bereits im Hohen Mittelalter mit dem Kloster St. Blasien in Verbindung gebracht.

Die Geschichte um die Heilige Ursula
Vermutlich besteht auch ein Zusammenhang zur Legende von „Ursula und ihren elftausend Jungfrauen", über die Annemarie Heimann (→ Die Kirche in Tüllingen) berichtete.

Drei von den Gefährtinnen der Heiligen Ursula – nämlich die Heilige Chrischona, die Heilige Margareta (hinter der Stadt Basel) und die Heilige Odilia auf dem Tüllinger Berg – sollen sich auf drei benachbarten Anhöhen in der Umgebung niedergelassen haben. Durch Läuten der Glocken konnten sie sich untereinander bis zu ihrem Tod verständigen.

Seit dem Frühjahr 1999 verkehrt die S-Bahn auf direktem Weg durch den Tüllinger Tunnel zwischen dem Bahnhof Lörrach und dem von Weil am Rhein. Vor allem die „Grün 99" hat die Lokalpoltiker aus den beiden Nachbarstädten näher zusammengebracht.

In spring 1999, a direct connection between the neighbour towns Lörrach and Weil was realized by the city railway passing through the the Tüllingen tunnel.

Ein „Ort der Kraft"

Wie kosmo-tellurische Messungen des Strassburger Professors André Helmrich Anfang der 90er Jahre ergaben, handelt es sich beim Tüllinger Berg um einen besonderen "Ort der Kraft", bei dem kosmische und irdische Kräfte miteinander im Gleichgewicht stehen. Dem Professor standen jedenfalls, wie die Badische Zeitung in ihrer Lörracher Ausgabe vom 25. September 1999 berichtete, Bart- und Kopfhaare nach allen Seiten hin ab, ein Hinweis auf offenbar starke Energiefelder. Vermutlich fühlten sich deswegen bereits die Menschen frühererer Zeiten von diesem „Ort der Kraft" angezogen.

Der Tüllinger als Feldherrnhügel

Von allem Magischen abgesehen liegt dieser Hügel einzigartig: Er bietet Einblick in die Rheinebene ebenso wie in das Tal der Wiese und ist damit auch ein idealer „Feldherrnhügel". Dass schon viele Scharmützel auf dem Tüllinger Berg stattfanden, liegt auf der Hand. Bedeutend aber war die Schlacht von 1702 auf dem Tüllinger Käferholz. Am 11. Oktober 1903 bemühten sich sogar der Grossherzog von Baden und seine Gemahlin auf den Berg, um das „Türkenlouis-Denkmal" einzuweihen, das seitdem dort oben steht.

Millenniumsfeier auf der Tüllinger Höhe

Die Idee, auf dem Tüllinger Berg eine städteübergreifende Silvesterfeier durchzuführen, stammt von Mario Perinelli, dem Geschäftsführer der Lörracher Wybert GmbH. Nachdem zwischen den Bewohnern von Weil am Rhein und Lörrach offenbar gewisse Animositäten bestehen sollen, von denen man gelegentlich hören oder lesen kann, meinte er: "Mit einem Fest auf dem Scheitelpunkt zwischen den beiden Städten könnten positive Zeichen für das neue Millennium gesetzt werden". Gemeinsam möchten also OB Gudrun Heute-Bluhm und OB Dr. Peter Willmann an Silvester 1999 mit Mario Perinelli und zahlreichen anderen Gästen, darunter viele bekannte Persönlichkeiten, gemeinsam auf das Jahr 2000 anstossen. Auch Riehens Gemeindepräsident Michael Raith hat seine Teilnahme an diesem Riesenfest zugesagt. So jedenfalls sieht es das Veranstaltungsprogramm vor, wie es kurz vor Weihnachten 1999 besteht.

Wo der Gutedel wächst

Auf dem Tüllinger Berg beginnt die Weinregion des Markgräflerlandes. Kenner verbinden damit eine einzigartige Landschaft, alte Kirchen aus dem Hohen Mittelalter, eine hervorragende Gastronomie, Winzerstuben und Strausswirtschaften, von denen es allein in Tüllingen zwei gibt.

Ein Grenzstein im Tüllinger Rebberg, wo sowohl im oberen badischen als auch im unteren Riehener Teil der bekannte „Schlipf" angebaut wird.

A boundary stone in the vineyards of Tüllingen. The same wine, called 'Schlipf', is cultured in the German as well as the Swiss parts of this vineyard.

Dank früher Blüte, viel Herbstsonne und ausreichender Niederschläge während des ganzen Jahres ist ein hervorragender Millenniumswein zu erwarten.

Thanks to early blossom, much autumn sun and a sufficient amount of rain during the whole year, an excellent millennium wine may be expected.

Die Landgemeinde Riehen

Im Kanton Basel-Stadt

Vom Bauerndorf zur Wohngemeinde

Riehen ist eine der beiden Landgemeinden des Kantons Basel-Stadt (→ Riehen - Geschichte eines Dorfes). Von der zweiten Landgemeinde, dem Bergdorf Bettingen, wird in Zusammenhang mit St. Chrischona noch zu sprechen sein. Die Gemeinde Riehen, früher ein Bauerndorf, breitet sich auf einer Fläche von knapp 11 km² im vordersten Teil des Wiesentals bei dessen Übergang in die Ebene des Hochrheintales aus (Paul Vosseler).

Wappen und Geschichte Riehens

Das Wappen der Gemeinde geht auf jenes der Herren von Riehen (1530) zurück und symbolisiert eine burgähnliche Anlage. Was die bewegte Geschichte des Dorfes Riehen angeht, so spielte das Kloster St. Blasien auch in diesem Teil des Wiesentals eine wichtige Rolle: 1113 schenkte der süddeutsche Edelmann Walcho von Waldeck dem Kloster Güter und Rechte in Riehen. So wurde das Kloster St. Blasien Grundherr Riehens. 1270 folgte der Bischof von Basel als Landesherr. Bereits von 1522 an gehörte Riehen zur eidgenössischen Stadt Basel.

Riehens weltberühmtes Beyeler-Museum

1997 hatte die in mehreren Etappen abgelaufene Eröffnung der Fondation Beyeler in Riehen bereits grösstes Interesse in der gesamten Kunstwelt ausgelöst. Die am 21. November 1998 unter dem Titel „Magie der Bäume" eröffnete Ausstellung mit „Wrapped Trees" (Verhüllte Bäume) von Christo und Jeanne-Claude bot ein „Art-Event", das alles andere Bisherige in den Schatten stellte. Zur Kunstkulisse der „Wrapped Trees" gehörten auch Riehener Dorfelemente, die Talebene der Wiese und der Tüllinger Berg.

Michael Raith, seit April 1998 Riehens Gemeindepräsident, am Ufer der Wiese, das zur Kulisse für Kunst wurde: „Traghetto mit Reisenden" von Dorothée Rothbrust aus Bettingen.

Michael Raith, president of the Riehen precinct council, in the Swiss part of the Wiese that represents an open-air stage for modern local art.

Beliebt und noch immer ein Geheimtip: Das Riehener Gartenbad, nur wenige Meter von der Landesgrenze entfernt.

The tiny but attractive swimming baths on the Swiss side of the border are popular with the German neighbours, too.

Am Wiesengriener zwischen Weilstrasse und Lörracher Grenze. Längst kennen die Radfahrer in der Regio die vielen Radwege entlang des Wiesenufers.

The numerous bike tracks and paths for pedestrians in these idyllic parts of the Wiese are ideal for leasurely outings.

Das Bergdorf Bettingen
Der Name der zweiten Landgemeinde des Kantons Basel-Stadt soll auf eine alemannische Sippe zurückgehen, deren Stammvater oder Sippenältester möglicherweise Betto hiess. Ähnlich wie in Riehen wurde später der Bischof von Basel auch Herr über das Bergdorf Bettingen. Was dieses ebenfalls mit Riehen verbindet: Aus dem einstigen Bauerndorf wurde ein beliebtes Wohndorf.

Die Legende von der Jungfrau Chrischona
Einige Aspekte der „Geschichte von den 1 100 Jungfrauen" wurden in Zusammenhang mit Obertüllingen bereits angesprochen. Auf der Heimreise von ihrer Pilgerfahrt nach Rom sollen sie – einer Basler Version der Legende zufolge – von den Hunnen überfallen worden sein. Als Einzige konnte die Jungfrau Chrischona entfliehen, die gerade noch Grenzach erreichte, um dort vor Erschöpfung zu sterben. Die tote Chrischona wurde von ihren Begleitern auf einen Ochsenwagen gelegt, dessen Zugtiere sich, wie von einer unsichtbaren Macht gesteuert, in Richtung Chrischonahöhe oberhalb von Bettingen in Bewegung setzten. Dort oben blieben die Zugtiere schliesslich stehen, was die begleitenden Männer als Zeichen Gottes werteten, die Jungfrau an dieser Stelle zu bestatten.

Vom Wallfahrtsort zur Reha-Klinik
Später entstand dort, wo sich die Grabstätte der Jungfrau Chrischona befand, eine Wallfahrtskirche. Im Laufe der Jahre entwickelte sich daraus ein bedeutender Wallfahrtsort. Nachdem Bettingen baslerisch geworden war, wurde die Wallfahrtskirche renoviert und sogar noch ausgebaut. Doch die Reformation bedeutete das Ende für das Wallfahrtswesen in St. Chrischona. Riehen, Bettingen und Grenzach hatten den reformierten Glauben angenommen; Wyhlen, Rührberg, Inzlingen und Stetten dagegen blieben katholisch.

Heute befindet sich auf der Chrischona-Höhe die „Reha Chrischona", Basels einzigartige Rehabilitationsklinik mit Therapiebad. Das 500 Meter über Meer gelegene 77-Betten-Haus im Grünen gehört zum Bürgerspital Basel.

Riehens Kirchturm vor Christos verhüllten Bäumen: Eine Erinnerung an jene Wochen, als Zehntausende von Kunstliebhabern nach Riehen pilgerten.
The church of Riehen seen in an unusual combination with Christo's and Jeanne-Claudes art performance of the Wrapped Trees, which attracted international attention.

Das Zentrum von Riehen Dorf mit der in der Wiesenebene weithin sichtbaren Kirche.
The centre of the city precinct Riehen, dominated by the church.

Das höchste Gebäude der Schweiz steht zugleich auch auf der höchsten Stelle des Kantons Basel-Stadt: die Mehrzweckanlage St. Chrischona für Radio, Fernsehen und Telefonie.

The highest point of the Swiss canton Basel-Stadt, the Chrischona television tower, is also the highest building of Switzerland.

Landschaftspark Wiese

Unter dem Titel „Landschaftspark Wiese" hat das Baudepartement des Kantons Basel-Stadt 1999 eine hervorragend gestaltete und übersichtliche Dokumentation (→ Literaturverzeichnis) herausgegeben. Sie enthält den Entwurf von 1999 für einen Landschaftsrichtplan und einen Landschaftsentwicklungsplan. Beide sind als Ergebnis der Zusammenarbeit der Stadt Weil am Rhein mit dem Kanton Basel-Stadt und der Gemeinde Riehen entstanden.

Präsentation auf der Grün 99
Die Entwürfe dieser Pläne stellte man auf der Landesgartenschau vor und diskutierte sie mit Besuchergruppen.

Einzelne Passagen aus dieser Dokumentation wurden in den Text oder in Bildunterschriften in diesem Kapitel übernommen, was in Abstimmung und mit ausdrücklicher Erlaubnis der Redaktion, Michael Zemp und Sonja Fahner vom Baudepartement des Kantons Basel-Stadt, erfolgte.

Umweltschützer über die Regio-Grenzen
Wie der Landschaftspark Wiese exemplarisch zeigt, sind Natur- und Umweltschutz grenzüberschreitende Themen. Thomas Schwarze ist ein Umweltschützer, der sich im ganzen Dreiland bestens auskennt. Der gebürtige Weiler ist nicht nur Diplom-Biologe der Uni Basel, sondern auch Naturpädagoge, ein hervorragender Instruktor und bereits seit 1992 Geschäftsführer der Pro Natura Basel.

Pro Natura Basel
Thomas Schwarze hat bei der 4 000 Mitglieder zählenden Basler Naturschutzorganisation eine 50-Prozent-Stelle. Mit den restlichen 50 Prozent wirkt er wie ein freier Unternehmer, z. B. im Vogelpark Steinen und im Trinationalen Umweltzentrum (TRUZ) in Weil am Rhein. Im Südbadischen engagiert er sich zusätzlich noch beim B.U.N.D., dem Bund für Umwelt- und Naturschutz in Deutschland. Auch beim Entwurf des Landschaftsentwicklungsplans im „Landschaftspark Wiese" wirkte der vielseitige Umweltschützer mit und gehörte zur aktiven Arbeitsgruppe.

Verantwortung für ein Feuchtgebiet
Pro Natura Basel hat von der Gemeinde Riehen ein 4 500 m² grosses Gebiet in der Wiesenebene für 20 Jahre zur Verfügung gestellt bekommen, gewissermassen als „Übungsbiotop". Es soll hier ein Lebensraum aufgebaut werden, wie er früher bestand, bevor die Wiese vollständig korrigiert und verbaut wurde. Die kleinen Weiher im Feuchtgebiet dürfen auf keinen Fall zuwachsen. Deswegen wird dieser Lebensraum für Pflanzen und Tiere von einer 10-köpfigen Gruppe von Pro Natura Basel sorgfältig überwacht, gehegt und gepflegt; überwuchernde Pflanzen z. B. werden entfernt.

Früher floss die Wiese in mehreren Armen, deren Richtung sich ständig änderte, durch die Riehener Ebene. Die Auenlandschaft mit ihrer besonderen Dynamik und strukturellen Vielfalt bot vielen Pflanzen- und Tierarten ideale Lebensräume. Heute muss, wie Thomas Schwarze meinte, der Mensch ordnend und pflegend eingreifen.

Der Landschaftspark Wiese mit Auenwäldern und teilweise revitalisierter Wiese, dahinter die mächtige Kulisse der Basler Industrie – der Kontrast könnte kaum grösser sein.

The riverside forests of the landscape conservation grounds near the partly re-naturalized Wiese sharply contrast with the industry area of Basel city.

Lebenswichtiger Kies

„Durch die Kanalisierung der Wiese sind Kies-, Sand- und Schotterflächen fast vollständig aus der Wiesenebene verschwunden. Damit verloren auch zahlreiche Tier- und Pflanzenarten ihren Lebensraum. In der Kiesgrube Käppelin haben sie jedoch eine neue Heimat gefunden.

Seit 1984 bemühen sich schweizerische und deutsche Naturschutzverbände gemeinsam um den Schutz der Grube. Mit Erfolg: Die Stadt Weil und das Land Baden-Württemberg erwarben 17 Hektar, um sie für die Natur zu sichern. Bis heute konnten 160 Vogel-, 17 Heuschrecken-, 15 Libellen-, 6 Amphibien- und 4 Reptilienarten, darunter viele bedrohte Arten, nachgewiesen werden.

Zwischen der Kiesgrube Käppelin und der Wiese legte Pro Natura Basel 1997 auf Schweizer Seite das Kiesreservat „In den Weilmatten" an. Es soll in Richtung Kiesgrube wachsen, um den Grubenbewohnern den Übergang in die Wiesenebene zu erleichtern".
(→ Dokumentation des Baudepartements)

Thomas Schwarze, der Geschäftsführer der Pro Natura Basel, bei Pflegearbeiten im „eigenen" Feuchtgebiet in der Wiesenebene.

Active landscape preservation, carried out personally by the manager of 'Pro Natura Basel', Thomas Schwarze.

The former 'Riviera for the working class', as the locals called this stretch, is still a popular weekend-destination for the townies of Basel. ▶

Als die Wiese noch frei fliessen durfte, bestand zwischen dem Tüllinger Hügel und dem Dinkelberg eine einzigartige Auenlandschaft.

When the Wiese was still allowed to flow its natural course, riverside forests, numerous riverlets and shingle banks provided rich biotops for indigenous flora and fauna.

„Die Schliesse" an der früheren „Arbeiter-Riviera" ist in den Sommermonaten auch heute noch ein beliebtes Ausflugsziel für die Basler Stadtbevölkerung.

Grün 99

Impressionen von der Landesgartenschau

Weil am Rhein
16. April – 17. Oktober 1999

Trinationaler Gedanke
Von Anfang an sollten mit der Grün 99 Grenzen übersprungen werden. Das ist gewiss auch gelungen: Gemeinden aus Frankreich und der Schweiz unterstützten die Grün 99 nicht nur finanziell, sondern sie leisteten auch mit „ihren" Gärten, Ausstellungen und Veranstaltungen eigene und bemerkenswerte Beiträge.

Sponsoring und gute Nachbarschaft
Ohne Sponsoring wäre die Finanzierung der Grün 99 nicht möglich gewesen. Auf einer langen Liste standen die Namen von rund 130 Firmen, Kommunen und Institutionen. Sie haben Millionen zur Grün 99 beigesteuert.

Ein starker Auftakt
Von Frühlingswetter war am Eröffnungstag noch nichts zu spüren. 3 000 Besucher waren an diesem kalten und regnerischen 16. April nach Weil am Rhein gekommen, darunter rund 1 000 Ehrengäste. In vielen Prominenten-Reden wurde die starke trinationale Ausrichtung der Grün 99 mit Beiträgen aus der Schweiz und aus Frankreich, aber auch die Idee einer gemeinsamen Dreilandregion, herausgestellt.
Das öffentliche Interesse am Weiler „Jahrhundert-Event" war gross und über 50 Vertreter der Medien berichteten über das, was sie auf dem ersten Rundgang durch die Landesgartenschau sahen und erlebten.

Glanzvolles Ende
Bei strahlendem Herbstwetter schloss dann nach sechs Monaten am Sonntag, den 17. Oktober, die Grün 99 ihre Pforten. Während 185 Tagen war sie geöffnet. Insgesamt 850 000 Gäste wurden gezählt. Am Schlusstag gab es mit über 25 000 Gästen einen unglaublichen Besucherrekord. Das grossartige Finale bildete am Abend ein brillantes Feuerwerk.

Was bleibt – ein Dreiländergarten
Die Grün 99 sollte eine Landesgartenschau für die ganze Region sein. Das ist gewiss auch gelungen. Dieser Riesenerfolg geht zunächst auf das Konto eines kompetenten und hochmotivierten Mitarbeiter-Teams; dass sie sich zum Mega-Ereignis entwickelte, ist das Verdienst des Geschäftsführers der Landesgartenschau GmbH, Bürgermeister Klaus Eberhardt.
In das Umfeld der Landesgartenschau flossen insgesamt 28 Millionen Mark. Dazu gehörten auch Massnahmen zur Fortführung der Zollfreien Strasse und die Wiederinbetriebnahme der Bahnstrecke Weil am Rhein – Lörrach.

Das Gelände der Grün 99 wurde nach dem Regio-Ereignis zum Familienpark umgestaltet.

Fahnen zur Begrüssung beim sechs Monate dauernden Grossereignis im Dreiland.

The flags of the trinational horticultural show Green 99 in Weil am Rhein.

17. Baden-Württembergische Landesgartenschau
Die feierliche Eröffnung am 16. April 1999

Offizielle Eröffnung: Erwin Teufel, MdL Ministerpräsident des Landes Baden-Württemberg

Official opening: Erwin Teufel, minister-president of Baden-Württemberg (Germany)

Dr. Hans Martin Tschudi, Basler Regierungspräsident Präsident der Oberrheinkonferenz

Dr. Hans Martin Tschudi, head of the government of Basel (Switzerland)

Constant Goerg, Président du Conseil Général du Haut-Rhin, der Präsident des oberelsässischen Generalrates

Constant Goerg, president of the general council of the Haute Alsace (France)

Begrüssung durch das Stadtoberhaupt: Dr. Peter Willmann, Oberbürgermeister der Stadt Weil am Rhein, mit „Florillo", dem Maskottchen der Grün 99

Einige Monate nach der Eröffnung, als es auf der Grün 99 bereits prächtig blühte: Bürgermeister Klaus Eberhardt, Geschäftsführer der Landesgartenschau GmbH

Welcoming words by the mayor of Weil am Rhein together with Florillo, the mascot of the show.

The manager of the horticultural show, Mayor Klaus Eberhardt, surrounded by floral art.

Was sicher bleiben wird, wenn „Das grüne Wunder in Weil am Rhein" zu Ende gegangen ist: ein Dreiländer-Garten für die Menschen.

What remains of the show is a beautiful public garden, ideal for recreation.

Die neue S-Bahn-Haltestelle Weil-Gartenstadt, das architektonische Glanzstück in Doppel-Helix-Form, bleibt ebenfalls.

The new city and suburban train station near the public garden at Weil - attractive architecture for basic needs.

Verkehrsdrehscheibe Basel

Die Langen Erlen
Die Langen Erlen, die Waldregion im westlichen Teil des Landschaftsparks Wiese, sind ein beliebtes Freizeit- und Erholungsgebiet der Basler Bevölkerung. Dazu gehört auch der bereits 1871 gegründete „Tierpark Lange Erlen Basel", der vom Erlen-Verein Basel mit seinen über 9 000 Mitgliedern getragen wird. Vor allem Familien mit Kindern suchen den Tierpark auf, denn es gibt hier in Gehegen zehn verschiedene Hirscharten und noch zahlreiche andere Tiere. Ein Waldlehrpfad, gut platzierte Rastplätze, vor allem aber ein ausgeklügeltes Wegesystem, zu dem Brücken und Stege gehören, machen diesen Teil des Landschaftsparks Wiese zu einem weitherum beliebten Erlebnisraum.

Die Renaturierung der Wiese
Die Internationale Rheinschutzkommission (IKSR) will an ihrem Ziel festhalten, den Oberrhein bis Basel für Lachse wieder passierbar zu machen. Fischexperten, Wasserbauer, Gewässerkundler und Naturschützer zogen beim Internationalen Rheinsymposium im März 1999 eine positive Zwischenbilanz des Programms „Lachs 2000". Die Renaturierung des Wiesenbettes in den Langen Erlen, die schrittweise erfolgen soll, ist Teil eines Programmes zur Wiederansiedlung des Lachses im Rhein (Basler Zeitung vom 12. März 1999). Schliesslich war die Wiese früher ein traditioneller Laichplatz für Lachse.

Ein Pilotprojekt in den Langen Erlen
Im Februar 1999 wurde mit einem Pilotprojekt des Eidgenössischen Bundesamtes für Umwelt, Wald und Landschaft (Buwal) und des Kantons Basel-Stadt zur Renaturierung der Wiese begonnen. Auf einer Länge von 150 m entfernte man zunächst alte Uferbefestigungen im Bereich des Erlenstegs. Auf diese Weise konnte man erreichen, dass die Wiese wieder ihrem natürlichen Lauf folgt.

Wie es dann weitergeht, wird nach Abschluss des Pilotprojekts zu sehen sein. Bei positiven Ergebnissen könnte entschieden werden, das gesamte Flussufer auf Basler Gemarkung, einer Strecke von rund vier Kilometern, zu renaturieren, was mit Kosten in einer Grössenordnung von vier Millionen Franken zu veranschlagen wäre.

Auf der deutschen Seite gibt es ähnliche Überlegungen. Auch hier möchte man künstliche Flussverbauungen beseitigen und so Fischwanderungen wieder ermöglichen, z.B. durch den Bau von Fischtreppen oder durch Flussumleitungen.

Grundwasser
Durch die Langen Erlen fliesst – für Betrachter gut sichtbar – die Wiese. Parallel dazu – doch von oben nicht zu erkennen – bewegt sich im Untergrund der Talebene ein mächtiger Grundwasserstrom.

1880 begann man das Wasser aus diesem Grundwasserstrom für die Trinkwasserversorgung von Basel zu nutzen, doch schon bald reichte dieses nicht mehr aus. Das Wasserwerk begann daher, Wasser aus der Wiese zu entnehmen, grossflächig zu verteilen und zur Versickerung zu bringen. Damit konnte die nutzbare Grundwassermenge deutlich gesteigert werden.

Westlich der Langen Erlen überspannen gleich vier Brücken, eine Strassen- und drei Eisenbahnbrücken, nebeneinander die Wiese. Die Idylle im Landschaftspark Wiese ist jetzt vorbei.

West of the recreation area of Langen Erlen, there is not much left of the idyllic landscape of former times: four bridges cross the river, three of them railway bridges.

Die Kandertal-Dampfbahn, das „Chanderli", passiert soeben auf dem Rückweg vom Badischen Bahnhof Basel die Eisenbahnbrücke über die Wiese.

The steam-driven railway, which is over 100 years old and still active owing to private initiative, is passing a bridge over the Wiese on its way back from Basel.

Das alte Gleis dieser früheren Bahnstrecke über die Wiese endet im Grünen. Für die Wanderzüge Hunderttausender von Tieren sind, so Umweltschützer Thomas Schwarze, solche alten Brücken von grossem Nutzen.

The original tracks of the old railway across the Wiese end in the middle of nowhere. They are, however, still frequently used by migrating animals according to the environmentalist Thomas Schwarze.

Zur Anreicherung des natürlichen Grundwasserstromes wird heute vorgereinigtes Rheinwasser verwendet und an bewaldeten Stellen in den Langen Erlen zur Versickerung gebracht. Bei diesem Prozess erfolgt im Waldboden eine biochemische Reinigung. Anschliessend gelangt das Wasser in den aus Kies und Sand bestehenden Grundwasserträger, wo es sich mit dem vorhandenen Grundwasser vermischt und auch dessen Temperatur annimmt. Mit Hilfe von 13 Haupt- und 18 Nebenbrunnen wird das angereicherte Grundwasser wieder gefördert. Das so gewonnene Grundwasser besitzt nun beste Trinkwasserqualität. Zu seinem Schutz befindet sich das Gebiet der Langen Erlen heute in der Grundwasserschutzzone.
Auszug aus der Dokumentation „Landschaftspark Wiese" (1999), modifiziert von Hans O. Steiger. (Zitiert mit freundlicher Genehmigung des Baudepartementes des Kantons Basel-Stadt)

„Chanderli" schaffte 1999 beste Saison

„Free Access" zu den Bahntrassen, wie das heute so elegant heisst, offener Zugang also für jede Bahngesellschaft, machte es auch der Kandertaldampfbahn möglich, ihr Angebot auszuweiten. Das „Chanderli", wie die Einheimischen die Kandertal-Dampfbahn liebevoll nennen, profitierte ebenfalls davon und schaffte seine beste Saison. Die traditionelle Bahnstrecke der Dampfbahn liegt im Kandertal zwischen dem „Brezeli-Städtchen" Kandern und dem „Gutedel-Dorf" Haltingen, das längst als Stadtteil zu Weil am Rhein gehört. Den Bahnbetrieb auf dieser Strecke gewährleisten die „Freunde der Kandertalbahn", ein nach deutschem Recht eingetragener Verein (Dreiland-Zeitung vom 14. Mai 1999).

Free Access als Marketing-Geheimnis

Im Jubiläumsjahr 1995, als das Bähnli seinen hundertsten Geburtstag feierte, beförderte es knapp 20 000 Fahrgäste; stattliche 27 000 waren es 1999. Diese Zahl ist deswegen so besonders eindrucksvoll, weil das „Chanderli" in diesem Jahr an weniger Tagen verkehrte als noch im Vorjahr.

Hinter den Erfolgszahlen steht ebenfalls „Free Access", denn am 24. April 1999 unterschrieben die Kandertalbahn und die SBB einen Vertrag, der es den Chanderli-Verantwortlichen gestattete, ihren Aktionsradius auf die Nordwestschweiz auszudehnen. So waren 1999 Charterfahrten, für die grosse und sogar zunehmende Nachfrage besteht, möglich, und zwar bis nach Laufenburg, Sissach und Delémont.

Lok-Absturz wegen Kommunikationspanne

Ende 1999 kam es auf der Eisenbahnbrücke über die Wiese zu einer spektakulären Panne. Die Lokomotive stürzte auf die Promenade, welche in den Langen Erlen dem Fluss entlang führt.

Die grosse Verkehrsdrehscheibe der Dreiländerstadt Basel im Westen der Langen Erlen. Über der kanalisierten Wiese wurde ein komplexes System von Autobahn-, Strassen- und Eisenbahnbrücken aufgebaut.

The traffic junction in Basel west of Langen Erlen. A complex system of highway and railway bridges covers the canalized river Wiese.

Kleinhüningen

Wo die Wiese in den Rhein mündet

Von der Dorfidylle zum Industriequartier

Die leidvolle Geschichte des früheren Fischerdorfes Kleinhüningen, wie sie in verschiedenen Chroniken ausführlich dargestellt ist, muss nachdenklich stimmen. In der Einleitung des 1984 von Paul Hugger herausgegebenen und noch immer aktuellen Buches über „Kleinhüningen - Von der „Dorfidylle" zum Alltag eines Basler Industriequartiers" (→ Literaturverzeichnis) steht die Aussage eines 80-jährigen Kleinhüningers:

„'s hett kei Dorf in dr Schwiz so liederlig miesse ab dr Wält wie Gleihiinige!"

Diese Worte machen die besondere Situation des heutigen Stadtquartiers deutlich. Damit sollte das langsame Sterben der früheren Dorfgemeinschaft als Folge einer unglaublich schnellen und stellenweise rücksichtslosen Industrialisierung zum Ausdruck gebracht werden.

Folgen der Industrialisierung

Was Kleinhüningen heute ist, macht das provozierende Monster-Wort „FischerHafenIndustrieQuartierStadtDorf" deutlich, das von Edi Heinzer, seit 1987 Meister der Bürger-Korporation Kleinhüningen, stammt. Kleinhüningen hat von vielem etwas: Es ist zu einem Teil noch immer ein Dorf, andererseits ein Stadtteil von Basel, aber gewiss auch ein Industriequartier mit allem, was dazugehört.

Lage an Rhein und Wiese

Früher strömte der Rhein mit ungeheurer Kraft an Kleinhüningen vorbei. Das Gebiet an der Wiesenmündung war besonders fischreich; deswegen hatte Kleinhüningen viele Berufsfischer. Wie alte Gemälde und Stiche zeigen, lagen in der Nähe der Wiesenmündung mehrere grössere und kleinere Inseln wie z. B. die Klybeckinsel. Die Schusterinsel befand sich unterhalb des Dorfes. Auch in den Langen Erlen und im Gebiet zwischen diesen und Kleinhüningen gab es mehrere Inseln, die ihre Lage oft veränderten. Nach heftigen Regenfällen und insbesondere der Schneeschmelze im Schwarzwald wurden die Äcker und Wiesen der Kleinhüninger Bauern oft überschwemmt. Weil es häufig Hochwasser gab, begann man bereits in den 1880er Jahren mit Korrektionsarbeiten an der Wiese.

Der Boden des heutigen Stadtteils Kleinhüningen ist künstlich aufgeschüttet, was mit der Rheinkorrektion durch Tulla (1817-76), der Korrektion der Wiese (1884-86) und mit dem Bau des Rheinhafens (von 1922 an) zusammenhängt. Sämtliche vorgelagerten Rheininseln sind verschwunden.

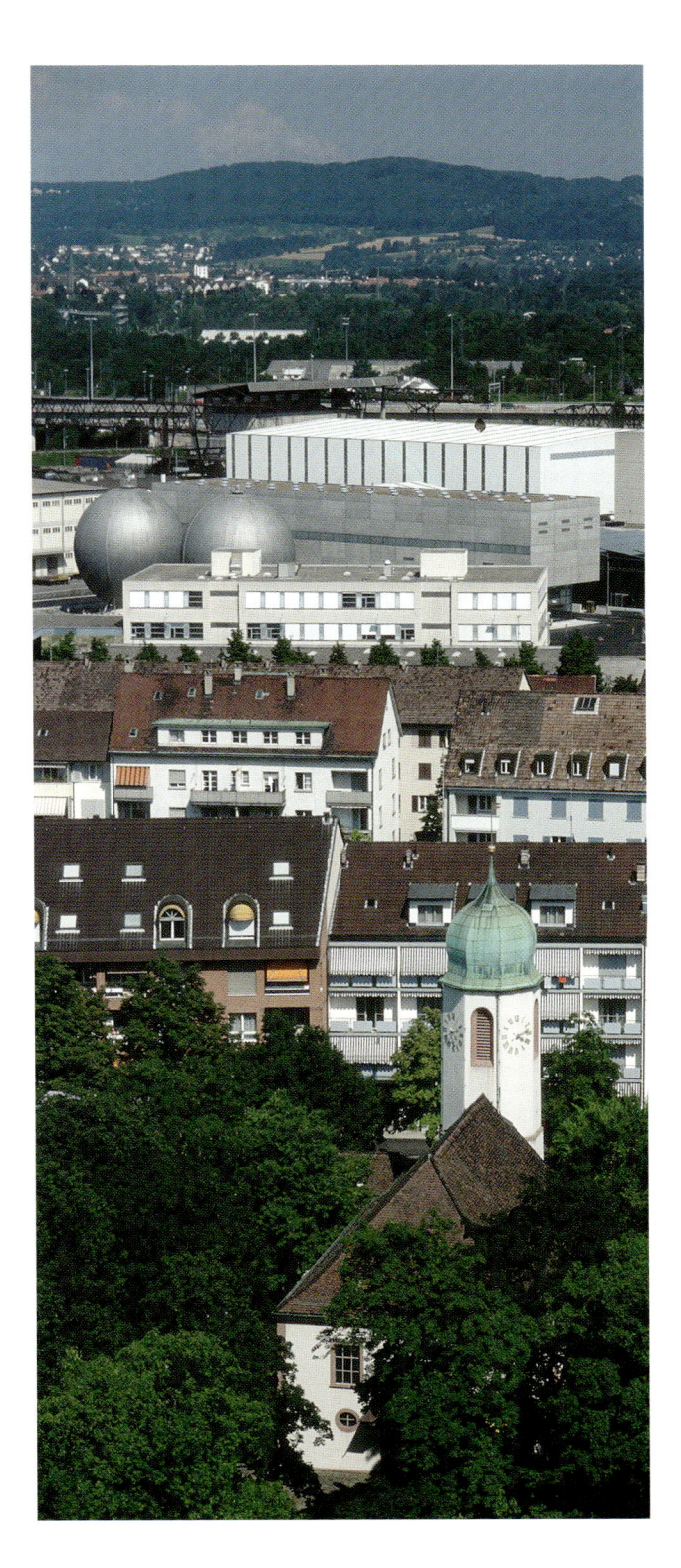

Edi Heinzer, seit 1987 Meister der Bürgerkorporation Kleinhüningen, vor der Banngrenze.

Edi Heinzer, head of the Kleinhüningen citizen's corporation, near the boundary.

Ein Teil der typischen Kontraste, wie man sie in Kleinhüningen kennt: Zwiebelturm-Pfarrkirche als Teil des alten Dorfzentrums, Wohnblöcke, Industriebauten.

Characteristic contrasts of the city precinct and former village Kleinhüningen: the old church with an onion tower, residential blocks, industry buildings.

Wie der Name entstand

Kleinhüningen wurde von den Alemannen gegründet. Ob und wie der Name mit dem Personennamen „Huno" zusammenhängt, ist Gegenstand unterschiedlicher Darstellungen. In der 1999 von der Bürger-Korporation Kleinhüningen herausgegebenen Monographie „Kleinhüningen" (→ Literaturverzeichnis) heisst es dazu:

„Verfolgt man die Wege, die Attila damals zwischen 440 und 450 gezogen ist, so wird die Legende durchaus glaubwürdig, dass Kleinhüningen bzw. die Ortsbezeichnung Hüningen vom Wortstamm Hunnen abstammen soll."

Attila in Kleinhüningens Wappen

Kleinhüningens Wappen zeigt den bärtigen König Attila vor seinem Zelt im langen, roten Rock, mit blauem Judenhut, goldenem Zepter und weiteren Attributen.

Eine bewegte Geschichte

Noch um das Jahr 1600, als Riehen und Bettingen bereits schon schweizerisch waren, gehörte Kleinhüningen noch zur Markgrafschaft Baden. 1640 verkaufte Markgraf Friedrich V. von Baden das Dorf für 3 500 Taler an die Stadt Basel. Der Betrag dürfte nach heutigem Geldwert etwa 300 000 Franken entsprechen. 1641 wurden die Kleinhüninger vom Landvogt von Rötteln von Eid und Pflicht gegenüber dem Markgrafen entbunden.

Der Rhein als Landesgrenze

Auf der gegenüberliegenden Rheinseite baute Frankreich 1680-1691 die riesige Festung Hüningen, die für Kleinhüningen, die Stadt Basel und die ganze Umgebung eine Bedrohung darstellte. 1702 wurde – vermutlich vor den Augen vieler Kleinhüninger – die Schlacht von Friedlingen geschlagen, 1710 die Pfarrkirche von Kleinhüningen gebaut. An der Mündung der Wiese kam es

Ein Fahnenmast im Basler Hafen in der Nähe der Wiese.
A flagpole marks the port of Basel near the river Wiese.

The river Wiese passing buildings of the Basel chemical industry before flowing into the Rhine in Kleinhüningen.

immer wieder zu Schlägereien unter den Fischern von Basel und Kleinhüningen, 1736/37 sogar zu einem Lachsstreit mit Frankreich. Von 1910 an gingen die Fischereierträge deutlich zurück. 1919 begannen die Aushubarbeiten für das Hafenbecken.

Ein Basler Stadtquartier

Bis Ende 1907 war Kleinhüningen eine selbständige Bürgergemeinde mit einem eigenen Bürgerrat. Am 1. Januar 1908 vereinigten sich dann die Gemeinden Basel und Kleinhüningen – und dies auf ausdrücklichen Wunsch der Bürger von Kleinhüningen. Seither ist Kleinhüningen ein Basler Stadtquartier.

Eingemeindung als „Schurkenstück"

An der Eingemeindung Kleinhüningens vom 1. Januar 1908 scheiden sich auch heute noch die Geister und prallen Emotionen aufeinander. Ein Teil der Kleinhüninger, aber auch verschiedene Historiker empfinden sie als „Schurkenstück", andere sprechen von einem „Unfriendly Take-Over". Unbestritten ist aber, dass die Stadt Basel dringend Land für die Hafen- und Industrieanlagen brauchte.

Die Wiese hat Kleinhüningen erreicht und strebt dem nahen Rhein zu. Im Hintergrund sind Lagerhallen und Produktionsgebäude der Basler Chemischen Industrie zu sehen, ganz hinten Teile des Dinkelbergs.

Abschied von der Schweiz und Mündung in den Rhein in einem Basler Hafenareal. Noch auf ihren letzten 300 Metern wird die Wiese von nicht weniger als sechs Brücken überquert.

No less than six bridges were squeezed in on the last 300 m before the outlet of the Wiese near the docks of Basel.

III. ANHANG

Das Bildband-Team
Dankesworte

Redaktion: Hans O. Steiger
Fotografie: Werner Beetschen

Kurzporträts der beiden Autoren sind auf der Rückseite des Bildbandes enthalten.

Scans & Bildgestaltung:
Andreas B. Krause, Beetschen Studios AG

Dank und Anerkennung

Finanzielle Beiträge leisteten ausser den bereits genannten Sponsoren

Abwasserverband Mittleres Wiesental
Rathaus der Stadt Schopfheim
D-79650 Schopfheim

Reiterhof Finstergrund
D-79694 Utzenfeld

WYBERT GmbH / elmex ® Forschung
D-79539 Lörrach

Pilot bei den Flugaufnahmen: Gallus A. Bammert, der Basler Swissair-Fluginstruktor.

Durchsicht des Manuskripts:
Christine Haag, lic. phil.,
Deutsches Seminar der Universität Basel
(rechts im Bild)

Übersetzungen ins Englische:
Suzanne de Roche, lic. phil.,
Deutsches Seminar der Universität Basel
(links im Bild)

Lektorat und Schlussredaktion:
Jürgen Kammerer, Steinen-Endenburg

Technische Unterstützung und Koordination sowie für wertvolle Anregungen:

Jürgen Kammerer
Vorsitzender des Vereins zur Erhaltung des Schneiderhofes in Kirchhausen e. V. und früherer Ortsvorsteher von Endenburg
D-79585 Steinen-Endenburg

Boris Gerdes
Vorsitzender der B.U.N.D.-Ortsgruppe Todtmoos und des B.U.N.D.-Kreisverbandes Waldshut
Leiter Arbeitskreis „Fledermausschutz" (AGF-WT)
D-79682 Todtmoos

Robert Goldmann, Bürgermeister
D-79677 Wembach / Schwarzwald

Hubert Lais, Metzgermeister
Speckräucherei Stome
D-79695 Wieden / Schwarzwald

Gerhard Schäuble, Vorsitzender des Bergmannsvereins „Finstergrund" Wieden
D-79677 Schönenberg

Xaver Schwäbl, Alt-Rektor und Mitautor der Wiedener Chronik
D-79694 Utzenfeld

Dank für besondere Bewilligungen

Wolfgang Volz sowie Christo und Jeanne-Claude für die Erlaubnis, ihre Objekte fotografieren und die Aufnahmen im Bildband reproduzieren zu dürfen

Geschäftsführerin Ellen Roche-Kehrer von der Kehrer Verlag KG, D-79012 Freiburg, für die Bewilligung zum Abdrucken einer Textseite über die Bergkapelle Maria Frieden aus „Das obere Wiesental" von Werner Dold und Gerhard Jung (1989)

Michael Zemp u. a. für die Bewilligung zum Abdrucken ausgewählter Textstellen aus der Dokumentation „Landschaftspark Wiese" des Baudepartementes Kanton Basel-Stadt (1999)

Literatur- und Bildverzeichnis

1. Literaturverzeichnis

Verwendete und weiterführende Literatur
in alphabetischer Reihenfolge:

Hebel, Johann Peter:
Alemannische Gedichte
Karlsruhe: Verlag C. F. Müller, 1947

Bender, Helmut:
Aus dem Wiesental
Freiburg i. Br.: Verlag Karl Schillinger, 1983

Künzel, August:
Bäume und Baustellen
Im Auftrag des Amtes Stadtgärtnerei und Friedhöfe
Basel: Fachstelle für Baumschutz im Kanton Basel-Stadt, 1999

Broschüre der Belchenland Tourismus GmbH
Belchenland im Südschwarzwald
Schönau im Schwarzwald: Belchenland Tourismus GmbH
(ohne Datum)

Kammerer, Jürgen:
Berta Schneider - Ihr Leben - Erinnerungen
Steinen-Endenburg: Eigenverlag, 1999

Dold, Werner, und Jung, Gerhard:
Das obere Wiesental
Im Schwarzwälder Herrgottswinkel
Freiburg im Breisgau: Kehrer Verlag, 1989

Moehring, Gerhard:
Den Blick zum Belchen gewendet
Johann Peter Hebel im Markgräflerland
Sonderheft 23/1982 in der Reihe „Marbacher Magazin"
Marbach am Neckar: Deutsche Schiller-Gesellschaft, 1982

Selbmann, Sibylle:
Der Baum – Symbol und Schicksal des Menschen
Karlsruhe: Badenia-Verlag, 1993

Holdermann, Eugen, und Ückert, Kurt:
Der Eichener See
Schopfheim: Uehlin GmbH, 1999

Scholz, Wolfgang, und Rotzler, Heinz G. (†):
Der Hohe-Flum-Turm
Schopfheim: Uehlin GmbH, 1999

Kreisbeschreibungen des Landes Baden-Württemberg:
Der Landkreis Lörrach
(in zwei Bänden)
Sigmaringen: Jan Thorbecke Verlag, 1993 und 1994

Scholz, Wolfgang:
Der Nonnenmattweiher
Relikt aus der Eiszeit im Wechsel der Jahreszeiten
Schopfheim: mts-Druck, 1991

Ückert, Kurt:
Der Nonnenmattweiher
Schopfheim: Verlag Uehlin, 1989

Heimgartner, Heinz:
Die Burg Rötteln
Herausgeber: Röttelnbund e. V. Haagen / Baden
Schopfheim: Uehlin GmbH, 1964

Heimann-Schwarzweber, Annemarie:
Die Kirche in Tüllingen
Beschreibung einer Markgräfler Dorfkirche
Aus: Unser Lörrach 1988
Grenzstadt im Spiegel der Zeit (Band 19)

Regierungspräsidium Freiburg:
Die Naturschutzgebiete im Regierungsbezirk Freiburg
Sigmaringen: Jan Thorbecke Verlag, 1998

Golder, Eduard:
Die Wiese - Ein Fluss und seine Geschichte
Basel: Baudepartement Basel-Stadt, Tiefbauamt, 1991

Fahl, Walter:
Er-„Fahrungen" im badischen Oberland
Band IV: Vom Wiesental zum Hochrhein
Freiburg i. Br.: Schillinger Verlag GmbH, 1990

Vetter, August:
Feldberg im Schwarzwald
Freiburg i. Br.: Rombach GmbH, 1996

Fräulin, Hans (†):
Geschichte der Stadt Zell
Schopfheim: Uehlin GmbH, 1999

Kohlhepp, Dieter, und Vorwerk, Horst Friedrich:
Hotzenwald – Wiesental – Hochrhein
Freiburg im Breisgau: Rombach GmbH, 1988

Jung, Gerhard A., Stepperger, Daisy und Eugen:
Im Belchenwind
Das mittlere und das kleine Wiesental
Freiburg im Breisgau: Kehrer Verlag, 1993

Bischof, Heinz:
Im Schwarzwald und am Hohen Rhein
Sagen aus Südbaden und der Nordschweiz
Kehl: Morstadt Verlag, 1982

Ückert, Kurt:
Im Tal der kleinen Wiese
Schopfheim: Uehlin GmbH, 1990

Hugger, Paul:
**Kleinhüningen - Von der „Dorfidylle"
zum Alltag eines Basler Industriequartiers**
Basel: Birkhäuser-Verlag, 1984

Thomann, Felix, u. a.:
Kleinhüningen
Basel: Bürger-Korporation Kleinhüningen, 1999

Michael Zemp u. a.:
Landschaftspark Wiese
Basel: Baudepartement Kanton Basel-Stadt, 1999

Fabrizio, Clemens:
Links und rechts der Wiese
Schopfheim: Uehlin GmbH, 1980

Bruckner, Albert, u.a.:
Riehen – Geschichte eines Dorfes
Riehen: Verlag A. Schudel & Co. AG, 1972

Hollenweger, Paula:
Sagen vom Oberrhein
Neuenburg/Rhein: Verlag Christian Frenzel, 1980

Schubert, Ingrid, Strütt, Klaus u. a.:
Stadt Schopfheim – Traditionsbewusst in die Zukunft
Konstanz: Verlag Friedr. Stadler, 1999

Huber, Harald:
Wappenbuch Landkreis Lörrach
Konstanz: SÜDKURIER GmbH, 1984

Schwäbl, Xaver, und Klingele, Siegfried (†):
Wieden – Geschichte eines Schwarzwalddorfes
Freiburg i.Br.: Rombach GmbH, 1992

In der Reihe „Kompass Wanderführer":
Wanderführer Schwarzwald Süd
Ostfildern: Deutscher Wanderverlag, 1996

2. Bildverzeichnis

Sämtliche 191 Farbfotos in diesem Bildband stammen von Werner Beetschen.

Die Schwarzweiss-Aufnahme „Das Todtnauerli" (ca. 1938/39) wurde von Hans Fräulin (†) zur Verfügung gestellt.

Das Wiesental-ABC

A Adler, Alemannisch, Alphörner, Autobahn-Talbrücke (bei Lörrach-Haagen)

B Basel, Belchen und Belchenland, Bergwerke wie z. B. „Finstergrund", Beyeler-Museum, Brauchtumsfest, Bürstenindustrie, Burghof

C Chrischona-Turm

D Dengelegeist, Dinkelberg, Downhill-Rennen (Todtnau), Dreiland

E Eichener See, Endress & Hauser

F Feldberg, Ferienregion

G Golddörfer (Fröhnd, Bürchau und Raich), Grenzregion, Grün 99, Gutedel

H Hausen im Wiesental, Hebelland und Hebelfest, Hella (Wembach), Hohe Möhr, Holzkohle

I Inzlinger Wasserschloss

J Jagdreviere, Japankraut, Jogurt von glücklichen Wiesental-Kühen, Johann Peter Hebel, Junge Wiese

K Kaffeeprojekt, KBC, Kleines Wiesental, Kleinhüningen, Klopfsäge, Köhler, Köhlgarten

L Landkreis Lörrach, Lange Erlen

M Maria Frieden, Markgräflerland, Markgräfler Kirchen und Tracht, Mountain-Bike-Rennen

N Naturschutzgebiete, Neophyten-Problem, Neuenweg, Nonnenmattweier

O Oberes Wiesental, Oberland, Obertüllingen

P Pfaffenberg, Pleuco

Q Qualm (in der „Speckräuchi" und am Kohlenmeiler), Quellen der Grossen und Kleinen Wiese

R Reben, Regio Basiliensis und RegioTriRhena, Riehen an der Landesgrenze, Röttler Schloss

S Schinken und Speck, „Schneiderhof", Schwarzwald, Schweizer Grenze, Skifahren

T Tannen, Tauzieher, Textilindustrie, „Todtnauerli", Todtnauer Wasserfälle, Trachten

U Umweltschutz, Utzenfeld und Utzenfluh

V Verkehr und Stau (im Vorderen Wiesental), Vogelpark Steinen

W Wasserfälle, Webereien, Wein, (die) Wiese, Wiesen und Auen, Wiedenbachtal, Wybert

X „Xanthippen" (zwar selten, doch es gibt sie!), „Xundheit" als Trinkspruch der Wiesentäler

Y Yankees auf dem Feldberg – gibt es viele, Yetis dagegen sind ein Gerücht

Z Zappenduster (ist es im Bergwerk Finstergrund), Zeiger auf dem Feldberg (Wiesenquelle), Zeller Blauen, Zell im Wiesental

Alles Gute für das Jahr 2000!   **Happy Millennium!**

Mit den besten Wünschen von den Autoren
Hans O. Steiger   **Werner Beetschen**

Basel, am Tag der Heiligen Dreikönige, 2000